今までで
いちばんやさしい

「奇跡のコース」

アラン・コーエン 著　積田美也子 訳

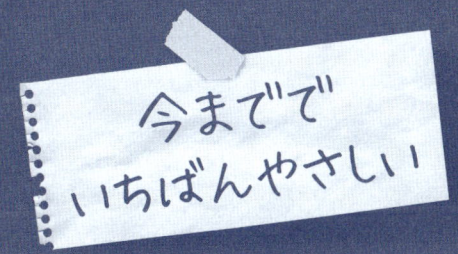

A Course in Miracles
Made Easy

フォレスト出版

苦しみから解放され、
心の平安と恵みに満ちた魂で人生を送りたい
日本中、世界中の人々へ

本書はアラン・コーエン氏著『A Course in Miracles Made Easy』を
2冊に分冊したものになり、本書はその前編に当たります。

All quotes from A Course in Miracles© are from the Third Edition, published in 2007 by the Foundation for Inner Peace, P.O. Box 598, Mill Valley, CA 94942-0598.www.acim.org and info@acim.org.

日本語版の出版にあたって

本書『今までいちばんやさしい「奇跡のコース」』の日本語版が出版されることを非常にうれしく思っています。

アメリカをはじめとした世界中の国々で何年にもわたって実践されているA Course in Miracles（ア・コース・イン・ミラクルズ、邦訳：『奇跡のコース』ナチュラルスピリット刊、『奇跡講座』中央アート出版社刊、以下、ＡＣＩＭ）は、これまでに多くの方の人生を変容させてきました。

ごく最近になって、日本語版が出版され、ＡＣＩＭは日本の人々の人生に触れ、癒しをもたらす助けになっています。私は日本人のみなさんとは強い絆を感じており、本書が奇跡についてのさらなる気づきを得るきっかけになれることを光栄に思っています。

ＡＣＩＭはとりわけ、日本の方々に有効でしょう。なぜなら、みなさんの多くが罪悪感や恥といった意識に苦しめられているからです。

ＡＣＩＭはこうした厄介な感情に対する格好の解毒剤であり、その教えはいたってシンプルです――あなたには何の罪もありません。苦しむ必要などまったくないのです。よりよい人間になろうと悪戦苦闘することはありません。今のままで十分であり、愛される存在なのです。肩の力を抜いて、ただただ自分らしくいてください。

あなたらしく生きる勇気と自信を身につければ、求めるすべての愛情と成功がやってくるでしょう。

私はＡＣＩＭを30年以上実践しており、レッスンを活用すればするほど、どんどん自由になってきました。心を開いて、宇宙があなたに恵みをもたらすままにいれば、あなたもより解放され、さらなる心の安らぎを感じるようになるでしょう。

キリスト教の言葉が使われているものの、ＡＣＩＭは宗教的なものではありません。ほかの宗教に属している人にとっても、無宗教の人にとっても、役に立ちます。

そのメッセージは普遍的で、あらゆる人にあてはまり、人類を何千年にもわたって悩ませてきた恐れや苦しみから解放し、心を活気づけてくれます。


本書の価値を理解し、日本の読者に紹介してくださることになったフォレスト出版に心からの謝辞を述べさせていただきます。

フォレスト出版の代表者である太田宏さんはＡＣＩＭの熱心な勉強家であり、本書の強力なサポーターです。より一層の精神的な気づきを日本の読者に届けたいという彼の見識と慧眼には目を見張るばかりです。フォレスト出版の方々には多大な努力を払っていただきました。優秀で思いやりにあふれた編集者の杉浦彩乃さんの仕事ぶりには感銘を受けました。

また、今回、翻訳を担当いただいた積田美也子さんと彼女を紹介してくれた河越理恵さんには本当に感謝しています。おふたりはＡＣＩＭの世界観をとてもわかりやすく、読みやすく翻訳するために二人三脚で力を注いでくださいました。ＡＣＩＭを明快に伝えたいという本書の使命の一助を、確かに担っていただいたと思います。心からの愛と祈りを送ります。

さらに、日本の方々と私の著作の架け橋になっていただいている穴口恵子さんにも心から感謝いたします。穴口さんは常日頃から、日本での活動に全身全霊を捧げてくださっています。多くの重要な案件にお力を貸してくださっているダイナビジョンの優秀なスタッフの方々にも御礼申し上げたいと思います。

そして、日本でのＡＣＩＭの出版を実現するために、ポジティブなエネルギーを甚大に注がれた株式会社ナチュラルスピリットの今井博央希社長とスタッフの方々に感謝の言葉を述べたいと思います。

また、私に本当に多くのサポートを寄せてくださるみなさんに、心からの感謝を申し上げます。

本田健さんとアイウエオフィスのスタッフの方々、龍＆アニキさん、竹田和平さん、中野裕弓さん、佳川奈未さん、本田晃一さん、中谷彰宏さん、神田昌典さん、寺山心一翁さん、人見ルミさん、青木勇一郎さん、そして株式会社船井メディアのみなさん。

最後に日本で私の本を出版してくださり、癒しのメッセージをシェアしてくれているすべての出版社に感謝の気持ちを伝えなければなりません。

日本の読者のみなさんが、本書から受け取る言葉やエネルギーから多くの恵みを得られることを心から祈っています。

そしてもっと自由に、もっと輝いて、もっと安らぎを感じるようになることを願っています。あなた独自の強さと美しさがあるのだと胸を張ってください。

受け取るべき恵みをたっぷりと受け取り、あなたが本来のあなたとして生きることができますように。

アラン・コーエン

はじめに

ＡＣＩＭは、人類にもたらされたもっとも深遠なスピリチュアルな教えのひとつです。ＡＣＩＭは、やさしく、かつ大胆に、たくさんの人々の人生に触れ、変容させてきました。

恐れによる支配から魂を救い、そんなことが可能だと思いもしなかった人々の心に平安をもたらしています。

ひょっとすると、あなたはすでにＡＣＩＭから恩恵を受けているひとりかもしれません。あるいは、これからまさにそれを手に入れようとしているところかもしれません。

ＡＣＩＭは、非凡な才能と驚くほど美しい詩が融合した文学作品です。

ほとんどの場合、それを理解し、実践するには、手助けが必要になります。難解で、曖昧、不可思議であり、今まで教えられてきた世界観に議論を挑むものだと考える人もいます。多くの人がこう言うのを耳にしてきました。

「何年か前に本を手に入れ、少しだけ読んでみました。けれど、ついていけなかったので、今は本棚に眠っています。もう少しやさしかったらいいのですが」

皮肉なことに、ＡＣＩＭはすでに簡単なのです。世界一簡単だという人もいるでしょう。

自分を批判したり、心配したり、人間関係で苦しんだり、「一体どんなふうに人生を送ったらいいのか」と必死に考えるよりも、愛し、癒し、赦し（ゆる）を行うほうが、結局は、はるかに容易なのです。

ＡＣＩＭの目的は、そうした愛の実践がどれほどたやすく、人生のあらゆる要素となっているかに気づくことを手助けすることです。

人生と格闘して、日々を生きる必要はありません。

人生を難しくしているのはすべて、恐れです。恐れは、愛という実在を覆い隠してしまう悪夢といっても過言ではありません。

あなたが手に取っているこの本は、ＡＣＩＭを理解し、その崇高な原理原則を実践的かつ実行可能なやり方で、活用していく助けとなることでしょう。

たとえば、

- あなたの魂をぼろぼろにするような人間関係からどのように安らぎを見つけるか
- 重い足取りで大嫌いな仕事に向かう毎日や、肩に重くのしかかるお金の心配から解放される方法
- 自分の体の状態について意識する智慧(ちえ)
- 愛する人を失った友人を慰める言葉
- 子どもが間違った道を歩みはしないかという恐れを克服する術

など、「人生を生きるに値するものにするには？」という疑問に対する決定的な答えが、本書ではすべて実例で紹介されています。

ACIMのテキストの詩的な一節では、流れに身を任せることで、いかに人生が楽になるかが記されています。

> 神とともに決断することを学んだとき、すべての決断は呼吸するのと同じくらい簡単で、間違いのないものとなる。努力は不要であり、あなたは、まるで夏の日に静かな小径（こみち）を運ばれるかのごとく、やさしく導かれるだろう。(T-14.Ⅳ.6.1-2)

ACIMは、つらい苦しみから抜け出すための案内図です。癒しがもはや困難と思えるほどに、幸せをねじ曲げてしまうのは、ただ、心が幻想にとらわれているからです。

ＡＣＩＭを知れば、生きることはシンプルになります。ＡＣＩＭが放つシンプルさという光に導かれて、複雑な迷宮から、一緒に抜け出しましょう。

そうすれば、人生に対する期待が高まり、あなたの魂を侮辱するようなものを拒否するようになるでしょう。

あなたは分不相応なものを要求しているのではなく、分不相応な状況に甘んじているだけです。

ＡＣＩＭの教えは、癒しへの近道であり、苦しみの表れであるさまざまな状況や問題に対する一時的な対処ではなく、苦しみの元となっている原因を根本から解決するものです。

さらなる理解を深めたいＡＣＩＭ学習者の方も、一度も実践したことがない方、これからも実践する気のない方も、本書から得られるものがあるでしょう。

ＡＣＩＭの原書を読むことをお勧めしますが、本書を読むだけでもエッセンスを把握することは可能です。

私たちは、今まさに、あなたの人生でもっとも重要な旅の一歩を踏み出そうとしています。

苦しみの根源を取り消し、世界を危険なものにしている気違いじみた混乱から解放され、どうぞ、安心を手に入れてください。

あなたをちっぽけな存在だと信じ込ませてきた思い違いを取り除き、真理を明らかにして、素晴らしい本来のあなた自身を取り戻しましょう。

さあ、私たちの本当の家に帰りましょう。

読者の方々へ

A Course in Miracles（ア・コース・イン・ミラクルズ）を表記するにあたって、本書では、ＡＣＩＭ（原題 A Course in Miracles の頭文字より）を使っています。

本書における、ＡＣＩＭの引用は、Foundation for Inner Peace（内なる平安のための財団）から出版されている"The Only Complete Edition"（唯一の３部作完全版）から用いています。

この完全版に含まれるテキストには、学習者がどこに何が書かれているかを見つけやすいように、採番方式がとられています。本書で使われている略語の「T」は「テキスト（Text）」、「W」は「学習者のためのワークブック（Workbook for Students）」、「M」は「教師のためのマニュアル（Manual for Teachers）」、「C」は「用語の解説（Clarification of Terms）」を示します。また、それぞれの略語のあとに記載されている番号は、引用元の章、段落、文章を指します。

本書はふたつのパートで構成されています。中心となるパートでは、ＡＣＩＭの原理原則、および内なる安らぎや癒しを得るためにそれらをどのように活用したらよいかが解説されています。もうひとつのパートには、ＡＣＩＭ特有の要素や実践においてのよくある質問と回答が収録されています。

ＡＣＩＭの詳細については、出版元のFoundation for Inner Peaceのウェブサイト（www.acim.org）を訪問されることをお勧めします。

数多くの素晴らしい団体がＡＣＩＭの学習を支援していますが、最初の出版元であるFoundation for Inner Peaceのウェブサイトでは、筆記者の経歴や写真、ＤＶＤ、毎日のオンラインレッスン（視聴は無料）、ＣＤ、ＡＣＩＭの翻訳が出版されている言語の情報、モバイルアプリを含む電子版のＡＣＩＭなど、幅広い情報が提供されています。サイトは英語でのみ運営されています。

Foundation for Inner Peaceは、ＡＣＩＭを通じて人々をよりよい方向へ導こうとする非営利団体であり、寄付によって運営されています。

より多くの人々がＡＣＩＭから恩恵を得るサポートをしたいなら、寄付はそれを可能にするためのひとつの価値ある方法でしょう。寄付についての詳しい方法は Foundation for Inner Peace のウェブサイトで紹介されています。

多くの団体がＡＣＩＭの普及に向けて取り組んでいますが、その数が多すぎてすべてをご紹介できません。ＡＣＩＭを通じて、人々に安らぎをもたらそうとするあらゆる団体にとって、みなさんの支援は支えとなることでしょう。

今まででいちばんやさしい「奇跡のコース」●目次

今まででいちばんやさしい「奇跡のコース」

prologue

旅のはじまり

私は机の上の小さな茶色い段ボール箱をじっと見つめていました。中身が何かを想像しようとしましたが、わかりません。

私にわかっていたことはただひとつ。箱の中に入っているものが重要、しかも、かなり重要だということです。

けれど、その箱の中身が、私と多くの人々の人生において、こんなにも重要になろうとは、このときの私にはまったく思いもつかないことでした。

ＡＣＩＭのことは、段ボール箱を手にする1年前から知っていました。掲示板に貼ってあるポスターを見かけたり、周囲の話を小耳に挟んだりしていたからです。

私は懐疑的でした。長いことスピリチュアルの分野を歩んできた私は、誇大広告やペテンをいやというほど目にしてきました。

『奇跡のコース』——そもそもこのタイトルが好きになれません。うぶなニューエイジャーたちの前で魔法の力を見せびらかす、心理学用語をやたらと使った新手の商品？

それとも、カルト教団が姿なき尊師の金庫を肥やすために売り歩く教材？

私は低俗なまじないにも、カルマをさらに作り出すようなことにも関わりたくありませんでした。どうせまた似たような形而上学的な読み物だろうと、まったく興味がわきませんでした。

そんな折、雑誌『サイコロジー・トゥデイ』に載っていたひとつの記事が目にとまりました。道を歩いている男のもとに3冊の金色の本（※1）が舞い降りてくる、いんちきくさいイラストが描かれています。

安っぽいさし絵であったにもかかわらず、私は記事を読みました。そして、自分でも驚くことに興味をそそられたのです。

ＡＣＩＭは、私が想像していたようなものではありませんでした。物質的というよりもっと精神的なもの、つまりモノではなく意識について書かれているようでした。

記事を読み終わるころには、本を手に入れたくなっていました。頭で考えたというより、むしろ直感的に惹かれたのです。思い返せば、そのときの内なる声こそがＡＣＩＭでいうところの「聖霊」だったのでしょう。

しかし、当時の私には知る由もありません。わかっていたのは、それらの本に一体何が書いてあるのかを知りたいという純粋な欲求だけでした。

さて、次に目に入ってきたのはこんな文言です。

「価格：40ドル、送料別」

当時の私にとって40ドルは結構な大金でした。友人の家の屋根裏部屋を借りていた私は、ヨガにいそしみ、ギターを弾いて、インスピレーションが刺激される音楽を聴いたりしながら暮らしていました。月１５０ドルの家賃はかけ持ちのアルバイトで稼ぎ、そんな生活に満足していました。３冊で40ドルもする本が本当に必要でしょうか？

今となっては、そんな躊躇（ためらい）があったことも笑い話です。その40ドルは人生最高の投資になったのですから。

私は、段ボール箱を開けて1冊目の本を取り出しました。紺色のハードカバーの表紙には、金箔の文字でテキストと書かれています。

私は序文を読みはじめました。

実在するものは脅かされない。
実在しないものは存在しない。
ここに神の平安がある。

読んだとたん、まるで別次元への扉を開けたかのように、ページから発信されるパワーにのみこまれてしまいました。

その一節の意味はわかりませんでしたが、紙面からほとばしるエネルギーに圧倒されそうになったのです。過去に経験したことのない精神的な高揚が、体じゅうに広がっていきました。

私は読んだばかりの言葉を心に染み込ませようと本を閉じました。

こうして、探求の旅がはじまったのです。

（※1）「A Course in Miracles（ア・コース・イン・ミラクルズ）」（文中ACIM）は、「テキスト」「学習者のためのワークブック」「教師のためのマニュアル」の3部から成っている

column 1

ACIMとは何ですか？

ACIMは精神的な目覚めのための自学自習システムで、愛の力と赦しを通じて心の安らぎと癒しを手に入れる方法を教えています。

「テキスト」、「学習者のためのワークブック」（以下、「ワークブック」）、「教師のためのマニュアル」（以下、「マニュアル」）の3部で構成されており（※2）、書籍および電子版は大手書店やオンラインショップ、教育センターで手に入れられます。

「テキスト」では、心の平安と癒しにつながる普遍の真理の概念が広範囲にわたって記されています。恐れではなく愛を選択する重要性、私たちの霊性（霊的なアイデンティティ）、神との関係、心の力、真実と幻想の区別、「特別」な関係から「神聖」な関係への変容、外的要因に与えていた権限を自らの内に取り戻すことなどです。

ＡＣＩＭの根幹をなすのは、中心的なテーマである「赦し」です。ＡＣＩＭにおける「赦し」は、一般的に浸透している定義よりもはるかに深遠です。

もうひとつの大きなテーマは私たちの神聖な本質であり、それは永久に変わることも滅びることもありません。


「テキスト」は古典的な弱強五歩格（※３）の詩の形で記されています。シェイクスピアら偉大な詩人が高尚な思想を表現したあの形式です。ある意味、ＡＣＩＭは学術的な論文というよりも洞察に富んだ詩集なのです。

「ワークブック」には、ＡＣＩＭの原理原則を適用して、人生において現実的かつ持続的に変化を起こしていくための３６５日にわたる実践的なレッスンが収録されています。レッスンは日に数分間からはじめ、考え方や人生を包括的に変えていくために徐々に時間を延ばしていきます。ＡＣＩＭの精神は揺るぎなく、最終的には必ず解放をもたらします。

「マニュアル」では、ＡＣＩＭの適用についてさらに詳しく解説されています。たとえば、「輪廻転生は真実か」「癒しはどのように達成されるのか」「世界はどのように終わるのか」といった、より鋭い質問への回答のほか、用語の解説も収録されています。「精神療法：目的、プロセス、実践」と「祈りの歌」という小冊子も付属しています（※4）。

現在、ACIMはFoundation for Inner Peaceのウェブサイトで確認できるだけでも24か国で翻訳されているほか、そのほかの言語にも翻訳が進行中です（言語の一覧についてはwww.acim.orgをご覧ください）。

数多くの国々でたくさんの人々がACIMから恩恵を受け、人生が大きく変化しています。ACIMが包含する並外れた愛や智慧は間違いなく実現されているのです。

（※2）英語版は、現在1冊に集約されている。日本では、ナチュラルスピリットと中央アート出版社の2社から出版されており、ナチュラルスピリットは2冊、中央アート出版社は3冊で構成されている

（※3）英詩などで一般的な、弱い音と強い音を五回繰り返して韻律を構成する形式

（※4）日本では中央アート出版社発行の「マニュアル」にのみ収録

1 重要なのはたったひとつの選択

ニューヨークのブロンクスで地下鉄を降りたジュリオ・ディアスは、ティーンエイジャーの男に、ナイフを突きつけられていました。

青年が要求すると、ジュリオはすすんで財布を差し出しました。

あわてて逃げようとする青年に、ジュリオはこう呼びかけました。

「ちょっと待って、忘れ物があるよ。このあとも強盗を続けるのなら、ぼくのジャケットを持っていくといい。外は寒いぞ」

呆然とした青年は振り返ってジュリオに尋ねました。

「なんでそんなことをするんだ?」

「きみはわずかな金のために自分の自由を危険にさらしているんだ。だとすれば、本当にお金に困ってるんじゃないかと思ってね。実はぼくはお腹がすいているんだ。よかったら、一緒にどうだい？　ぼくは大歓迎だよ」

実際には、こんなことはあり得ない話だと思われるかもしれません。

ところが、ふたりは実際にレストランに行き、一緒に食事をしながら身の上話をしたのです。

ジュリオが「人生に何を望むか」と尋ねると、彼は答えられず、ただ悲しそうな顔をしました。

いざ会計のときになって、ジュリオは青年に言いました。

「ぼくの財布を持ってるんだから、きみがごちそうしてくれなくちゃ」

青年はジュリオに財布を返しました。

勘定をすませたジュリオは、ナイフと交換だと言って彼に20ドルを渡しました。青年はジュリオの言葉に従いました。

「人から大切にされたければ、人を大切にしないとね」

ジュリオは言いました。

「とても単純なことなのさ。こんなに複雑な世の中であってもね」

（この感動的な出会いの再現動画は YouTube の『Hey, you forgot something.（ちょっと待って、忘れ物があるよ）』でご覧いただけます）

このエピソードは、ＡＣＩＭの象徴と言っても過言ではありません。ＡＣＩＭは、一瞬一瞬、恐れと愛のどちらを選択するかを私たちに問いかけています。

強盗に遭遇したジュリオ・ディアスの運命のシナリオは何通りもあったでしょうし、そのほとんどは悲劇的なものだったでしょう。

しかし、ジュリオは、危険な状況を愛のレンズを通して見ることを選び、恐れから行動していた場合に作り出したであろう結果とは、まったく異なる結末を生みだしたのです。愛を選ぶことで、奇跡は自然な結果となるのです。

「どうすれば生涯のパートナーと出会えるのだろう？」

「このまま結婚生活を続けるべきか、それとも別れるべきか？」

「今月の支払いをどうすればいい？」
「情熱と収入、どちらも手に入る仕事はあるだろうか？」
「自分の居場所は一体どこにあるんだ？」
「どうすれば健康でいられるだろう？」
「わずらわしい身内にどう対処すればいい？」

などなど、厄介な選択に次々と直面すると、人生に圧倒されるような感覚になるかもしれません。

しかし、こうした選択はすべて**見せかけ**です。たったひとつの、**本当**の選択とは、恐れか愛のどちらを選ぶか、ということだけです。

恐れは苦痛をもたらし、愛は癒します。これ以外のことはすべてあなたの解釈にすぎません。

恐れを抱く心は、物事を複雑にすることで、この世の中の困難が避けられないもののように思わせます。

ところがＡＣＩＭによれば、この世界は厳しい場所などではなく、それどころか苦悩を避けることが可能だと教えています。

つまるところ、すべての選択は、癒しをもたらすものと、苦痛をもたらすもの、このふたつしかないのだということがわかると、あなたの想像よりはるかに早くたやすく、心は平安を得て、本当の家に帰る道を見つけることができるでしょう。

明らかに異なるふたつの選択肢からひとつを選ぶのは実に簡単である。（T-26.Ⅲ.7:4）

教師はふたりしかおらず、それぞれに違う方向を指し示している。そしてあなたは自分の選択した教師が導く道を進むことになる。依然として時間が存続し、選択することに意味があるあいだは、あなたが進める方向はふたつだけである。なぜなら、天国に至る道以外は決して作られないからである。つまり、天国へ向かうのか、あるいはどこへも行き着かないかのどちらかを選ぶしかない。それ以外の選択肢は存在しない。（T-26. V .1.7-12）

2 個人情報泥棒

クレジットカードの明細書を見て、目の玉が飛び出しそうになりました。まったく身に覚えのない5000ドルの借り入れが2回分も請求されていたのです。何者かが私のクレジットカードの情報を盗み、ダラスで洋服を大量に買いこんでいたのでした。幸い、カード会社が被害を補償してくれましたが、こうした事件は珍しくありません。

1日に盗まれる個人情報は約3万6000件にのぼり、年間の被害総額は210億ドルに相当します。銀行やインターネット企業は、顧客の個人情報を保護するために入念なセキュリティ対策を講じるようになっています。

ところが、クレジットカード情報よりはるかに油断ならない形であなたの個人情報を盗む泥棒がいます。

この泥棒はあなたに本来の姿を忘れさせ、自分はちっぽけで制限された無力な存在だと信じこませてしまいます。

本当のあなたを否定し、偽者のあなたを本物だと主張するのです。

あなたがこの世に生まれるやいなや、きわめて重大な個人情報の盗難がはじまっているのです。

親や教師、兄弟姉妹、聖職者、権力者といった人々は、あなたが役立たずで、醜く、価値のない、罪深い人間だと教え、世の中はどこもかしこも危険ばかりの恐ろしい場所だと忠告します。

時間の経過とともにあなたはそんな途方もない嘘を信じはじめ、強くて美しい、罪のない本来の自分を忘れてしまいました。

ついには、あなたは神から授かった本当の自分とは真逆のアイデンティティを受け入れ、自分ではない別の誰かとして生きているのです。

ずっと嘘をつき続けていると、そのうち本当に思えてくるものです。

私は中学生のとき、ニュージャージー州のアトランティックシティで開催されたビートルズのコンサートに行きました。

翌日、学校へ行った私はクラスメイトのドナの気を引くために、コンサート会場から出てきたポール・マッカートニーにばったり会ったのだと話しました。

さらに話を誇張して、ポールにギターピックをもらった、とまで言いました。その証拠に「P．M．」という彼のイニシャルが彫られたギターピックを見せるとドナは目を見張り、瞳をきらきらと輝かせました。

彼女をもっと驚かせたくなった私は、その手にそっとギターピックを握らせてささやきました。

「きみに持っていてほしいんだ」

すると、うっとりとしたドナは私の頬にキスをしてくれたのです。もちろん、私の頭の中はバラ色です。

ポール・マッカートニーからギターピックをもらったという噂はどんどん広まり、私は中学校じゅうの人気者になりました。

もちろん、この話は完全なでたらめです。ところが、来る日も来る日も細かなディティールに至るまで説明を加えながら同じ話をしていたせいで、今思い返してみても、本当に起きた出来事だったかのように思えます。

コンサート会場の裏口から駆け出してきたポール・マッカートニーが私に向かってギターピックを放り投げる姿が、はっきりと目に浮かぶのです。

実際には一度も起こっていないことなのに、考えるだけで胸がどきどきするのです！

心理学者によれば、潜在意識は現実と想像の区別がつけられないそうです。マインドにイメージが植えつけられると、それが事実であろうと作り話であろうと、実際に起こった出来事に思えるというのです。

そのイメージに感情が伴う場合はなおさらです。実際、催眠術師が被験者の腕に消しゴムで触れ、その消しゴムが火のついた煙草だと伝えると腕には水ぶくれができます。逆に火のついた煙草で触れても、それが消しゴムだと認識するなら水ぶくれはできません。

ＡＣＩＭには次のように記されています。「あなたが抱く思いには強大な力があり、幻想もまた、それらが及ぼす影響という点では、真実と同様に強い力を持つ」（W-132.1:4）

また、次のようにも説明されています。

> ……恐れを味わいたくないのであれば、理解しておかなければならないことがいくつかあり、しかも十分に理解されなければならない。心にはとてつもない力があり、決してその創造力を失うことはない。決して眠ることもない。心は、毎瞬、創造している。思いと信念が融合して大きなうねりとなり、文字通り山をも動かせるほどの力になるということを認識するのは容易ではない。……無駄な思いはひとつも存在しない。すべての思考は何かしらのレベルで形を生み出す。

（T-2. Ⅵ .9:4-8…13-14）

> 世界全体についての認識（知覚）を生じさせるものを、無駄などと呼べるはずがない。（W-16.2:2）

自分自身に関するありとあらゆる嘘を真に受けた潜在意識は、自分や世の中の間違っているところばかりを強調します。

経済状況、人間関係、仕事、健康をはじめ、人生におけるそのほかの重要な活動分野においても、あなたはこうした嘘に騙され、疲れ果てています。

あなたが目にしている、あたかも**本当のように見える**世界は巨大な幻想のもとに成り立っています。非常に多くの人がその幻想に賛同し、それに従って生きているため、そのように見えるだけです。

とはいえ、どれほど大勢が受け入れたところで嘘が真実になることもなければ、愛よりも恐れが重要になることもありません。

幻想から私たちを救い出すことができるのは真実だけです。間違ったアイデンティティから解放されるには、本当のあなたを思い出すしかないのです。

宮殿と王女

幼いころに誘拐され、盗賊の一家と暮らしていた王女の物語があります。盗賊のすさんだ生活にすっかり慣れてしまった王女でしたが、数年後、王の召使いに発見され、宮殿に連れ戻されます。

王と女王は娘を盛大に迎え入れ、彼女が使うことになる美しい部屋を見せました。豪華なベッドがしつらえられ、色とりどりの花が飾られ、香が焚かれて芳しい香りが漂い、窓の外には息をのむような絶景が広がっています。もちろん、いつでも呼びつけられるよう召使いたちも控えています。

ところが王宮でのはじめての夜、王女はどうしても眠ることができません。

「ここから出して……」

彼女はついに泣き叫びました。

「家に帰して！」

王女はすでに自分の家に帰っていたことに気づいていなかったのです。気品や王位や富は、彼女が生まれながらにして持っている権利です。ところが、貧しい暮らしが当たり前になっていたために、宮殿が自分の家だとは思えなかったのです。

「当たり前」と「生まれつき」は似て非なるものです。あなたも王女と同じです。精神的に、本来の自分に見合う家よりもはるかにみすぼらしい場所で暮らすことが当たり前になっているのです。

本当の家に帰るには、本来のあなたを思い出すしかありません。ワークブックのレッスン94では「私は神に創造されたままの私である」と説いています。

この教えは、ワークブックの中で唯一繰り返し出てくるレッスンであり、しかも、一度ならず（レッスン１１０）、二度までも（レッスン１６２）繰り返されているうえ、テキストにもたびたび出てきます。

ＡＣＩＭは、あなたの本当のアイデンティティは霊的（スピリチュアル）なものであり、それしかないという真実へと導きます。

名前、年齢、体重、住所、人間関係、仕事、通帳の残高、傷病歴――これらすべては本当のあなたではありません。世の中があなたという人を特定するためのあらゆる属性はあなた自身とは違うのです。世間は断片的な一面だけで、あなたが何者であるかを決めてしまいます。

一方で、神は欠けたところのない完全なものとして、あなたを見ています。ＡＣＩＭはその全体を通して、神があなたを見るのと同じ視点で自分自身を見つめることを手助けしてくれます。

神の視点で自分自身を見られるようになれば、自分が誰なのかを知り、神から授かったアイデンティティのもと、胸を張って生きられるようになるのです。

神へ向かう旅とは、あなたが常にどこにいるのか、あなたが永遠に何であるのかについての智識を、再び目覚めさせることにすぎない。（T-8. Ⅵ .9:6）

・・神の正体・・

古典映画の『十戒』（1956年、アメリカ）では、チャールトン・ヘストン演じるモーセがシナイ山で燃える低木に姿を変えた神に出会います。

モーセが神に「あなたは何者か？」と尋ねると、神は「私は〝それ〟と呼ばれているところの者である」と答えました。なぜ人々を苦しみから救い出さないのかとモーセが訊くと、神はこう言いました。

「あの地であの者たちを救うのは汝（なんじ）だからである」

何年ものあいだ、誰が神の声を演じたかは秘密にされてきましたが、ようやく、モーセを演じるチャールトン・ヘストンの声を特殊効果で神の声に変えていたことが明らかになりました。

聖書の言葉がそのまま使われたこのシーンには、「神の声は自分自身の声にほかならない」という重大な霊的洞察が隠されていたのです。

神があなたに話しかけるとき、あなたは真の自分自身からのガイダンス、つまり導きを受け取っているのです。

気づいていようといまいと、いかなる瞬間にもこうした導きは起こっています。幻想という特殊効果で歪められてしまった声は自分の声とは思えないのです。映画会社は声の主を隠していましたが、秘密は真実に道を譲りました。

あなたが神に話しかけるとき、あなたは自分自身に話しかけているのです。


では、神に訊いてみましょう。「どうすれば世界が変わるのか」

答えはこうなります――「汝の手で」

もちろん、モーセのように杖を手にファラオに立ち向かい、虐げられている人々を救うということではありません（とはいえ、比喩的にはこれがまさしくあなたの行動となりますが)。

より本質的なことを言えば、あなたがただ本来のあなたに戻ることによって、神の存在を認識すれば、目の前の世界が解放されるということです。

あなたの本来の姿とは、あなたと世界を解放する「〝それ〟と呼ばれているところの者」、つまり、神なのです。

∴魂の誘拐犯による侵略∴

私の友人のサラが出産を終えたばかりの友達を見舞いに病院を訪れると、産科病棟には厳重な警備体制が敷かれていました。

数か月前に何者かが病棟に忍びこみ、赤ん坊を盗んでしまったというのです。病院は事件が再発しないよう、対策を講じていたのでした。

この事件は、私たち全員に起こったことを象徴しています。恐れと幻想が、私たちを本当の家族から引き離したのです。

聖書には、私たちが「遠い国」に連れていかれたとあります。真実が徹底的にねじ曲げられ、崇高な精神が欠如したその場所では、地獄こそが人類の運命のように思えます。

ところが、『新約聖書』の中の「ルカによる福音書」に出てくる放蕩息子と同じように、私たちはやがて豚と一緒になって泥だまりにいることにうんざりしてきます。こんな人生が神の意図したものであるはずがないと感じ、家に帰る道を見つけようと、じっとしていられなくなるのです。

虚しさや苦しみばかりを感じるようになると、より高い次元の答えを受け取ろうと、手を伸ばします。すると、誰かがACIMやそのほかの有益な教えについての情報を知らせてくれます。それらは私たちの本来の家までの道順を示してくれるスピリチュアルなGPSです。

幻想の世界に深くはまり込んでいた私たちは、今や真実を渇望しています。

そして、「求めよ、さらば与えられん」という有名な言葉があるように、求めれば、真実は与えられるのです。

卑小さに甘んじてはならない……しかしながら、選択のたびにあなたが見落としているのは、あなたの選択は自分自身に対する評価だという点である。卑小さを選択すれば平安はない。なぜなら、それは自分を平安に値しない者と判断した結果だからである……どのような形の卑小さであっても決してあなたを満足させることはできないという事実を受け入れること、しかも喜んで受け入れることが肝心である……なぜなら、あなたは偉大さの中でしか満足できないからである……。（T-15.Ⅲ.1とT-15.Ⅲ.2より抜粋）

3 現実を見る

大都市にあるテレビ局のスタジオで、私は出演の出番を待っていました。私のインタビューがはじまるのは正午のニュース番組のあとです。

そのニュースは無残な殺人事件からはじまり、レイプ、戦争、不況、政治スキャンダルへと続きました。どうにも気分が落ちこんできます。

しかし、そのうち明るいニュースも出てくるだろうと気を取り直しました。

そして、私の期待は見事に裏切られました。15分のあいだに流れてきたのは悲惨な報道ばかりで、頭のまともな人間が遭遇したいと思う出来事はひとつもなかったのです。もう笑うしかありませんでした。気が滅入るどころではなく、ばかばかしいほどです。信じられません。

最後に自動車事故と交通の混乱に関する情報で番組が終わると、ようやくキャスターが言いました。

「さて、ここからは心が活気づけられる新刊を発表された著者に、有意義な人生を送る方法についておうかがいします」

カメラが私の姿をとらえました。そのとたん、私は心の中で映画『マトリックス』に登場する主人公ネオに変貌しました。

あの天才モーフィアスが両方の手のひらを広げて差しだすシーンです。片方の手には赤い錠剤が、もう片方には青い錠剤が乗っています。

赤い錠剤を飲むと、ネオは本当の世界に目覚めて真の自分に戻り、青い錠剤を飲むと、これまで通りではあるけれど、息苦しい幻想の世界が続くことになります。

私は背筋を伸ばすと、赤い錠剤に手を伸ばしました。そして視聴者に向け、愛は私たちの生まれながらの権利であり、恐れは嘘を語る詐欺師なのだと話しました。

幻想にとらわれた世界にあっても、本来の自分として生きるよう訴えかけたのです。

私が届けたのは先ほどのニュースとは違う報道です。

「誰もが世の中で教えられてきたよりも素晴らしいものを手にする資格があります。まわりの状況がどれほど狂気の沙汰(さた)であっても、あなたは自分の人生を自分で動かす力を持っています」

これが私の伝えたニュースでした。

番組が終了すると、著名なベテランジャーナリストのキャスターに呼ばれました。

「あなたの意見にまったく同感ですよ。この仕事をしていると、どうにも気分がふさいでしまってね。われわれが報道していることだけが人々の人生ではないはずです」

夢をあたためる

熱い夢を抱いていても、まわりの人から冷や水を浴びせられることがあります。結婚したいと思っている相手、計画している事業、申し込もうかと考えているクルーズ船の旅——友人や身内に話すと、期待していた「やってみればいい！」という激励ではなく、「現実を見ないと！」という冷たい声が返ってきます。

そのとたんにあなたの意気ごみは砕け散ります。あなたは計画をあきらめるか、あるいは、決行するための勇気をもう一度高め、弾みをつけないとならないかのどちらかです。

まさしく「豚の前に真珠を投げるべからず」（マタイによる福音書　7：6）なのです。

大切な構想について話すときは、あなたの意欲を「疑い」という名のシュレッダーにつっこもうとする人ではなく、応援してくれる人を選ばなくてはいけません。あなたを理解し、信じてくれるひとりかふたりの親友がいれば十分でしょう。

そんな人がひとりもいないように思えても、あなたのそばにはちゃんと神がついています。

「『誰が私とともに歩んでいるのか』という問いを、日に１０００回でも自身に問うべきである。確信が疑いに終止符を打ち、平安が訪れるまで」（W-156.8:1-2）

あなたが神を信じなくても、神はあなたのそばにいるのです。

人が「現実を見ろ」と言うとき、ほとんどの場合、その真意はこういうことです。

「出過ぎたまねはよせ。限界を知り、閉じこもっていろ。私だって恐れだらけの小さな世界に閉じ込められているんだ。あなたの発展的なビジョンなど耳にするのもおぞましい。あなたは私と一緒にこの泥沼で這いつくばっていればいいのだ。この小さな世界を大きな可能性なんてもので揺さぶられてたまるものか！」

成功や幸せは手に入らない幻で、苦悩が人生の現実だということが前提になっているのです。

ＡＣＩＭの考え方はこれとは違います。ＡＣＩＭには**「世界が信じていることで真実であるものは何ひとつ存在しない」**（W-139.7:1）とあり、**「私には奇跡を経験する資格がある」**（W.Lesson77）ことを忘れないよう求められます。

幸せ、豊かさ、成功は、あなたの生来の権利であり、運命です。それ以外はすべて錯覚です。

ＡＣＩＭでは、白と黒が逆転している写真のネガのように、世の中で信じられていることすべてが逆転していると説いています。

写真のネガは薄気味悪く、意味をなしません。世界はそれとまったく同じです。しかし、神は薄気味悪い世の中など創ってはいません。作ったのは人間です。他人が指さす場所に目を凝らしても、そこに真実の世界を見つけることはできないでしょう。

恐れにとらわれた心は、恐れに支配されることになります。けれど、**「私は自分の家におり、ここでは恐れはよそ者である」**（W,Lesson160）と考えてください。

何が真実かを知りたければ、人生とはこういうものだと教えられてきたことと反対のことをしてみましょう。方法はそれしかありません。

『未来世紀ブラジル』『恋に落ちたシェイクスピア』などの脚本で知られるチェコ出

身のイギリスの劇作家トム・ストッパードは言っています。

「本当の人生がはじまるのは、自分が考えていたことのほとんどが間違いだとわかったときだ！」

どう見たって偽物だ

子どものころ、土曜日の午後になると友達と映画館へ行って、たて続けに2、3本の怪物映画を観たものです。

スクリーンに決まって登場するのは、探検家が巨大な恐竜に食べられそうになるシーンです。当時の特殊効果はまだ稚拙で、恐竜が本当はどこにでもいるような10センチほどのトカゲを極端に拡大撮影したものであることは一目瞭然（いちもくりょうぜん）でした。

友達はその場面になると、いつも笑いながら私を肘（ひじ）でつっつきます。

「どう見たって偽物だ！」

人生という映画のスクリーンに怪獣が登場するとき、ＡＣＩＭはあなたの隣に座っている友達です。あなたを肘で小突き、笑いながら、「どう見たって偽物だ！」と思い出させてくれます。**「あなたがどこへ行こうとも必ず神がともに行くことを覚えていれば、恐れにとりつかれた思考を本当に笑い飛ばすこともできる」（W-41.10:1）**

特殊効果によって実在するように見えたところで、世界は単なる映画にすぎません。もちろん、それには映画館で観る程度の信憑性しかありません。アルベルト・アインシュタインはこんな言葉を残しています。

「起こっていることは幻想にすぎない。非常に執拗ではあるが」

ＡＣＩＭが要求するのは、神が創造した本当の世界と恐れが作り上げた幻想の世界とを見分ける能力です。

ワークブックのレッスン14には「神は意味のない世界を創造しなかった」とあり、**「神はあの惨事を創造していない。したがって、それは本当のことではない」（W-**

14.4:7）と認識するよう説かれています。

そして、私たちが目にしている恐ろしい出来事を思い出し、それぞれを「神はその○○を創造していない。したがって、それは本当のことではない」と確認するよう求めます。

また、**「目で見ている世界は実在とは何の関係もない」**（W-14.1:4）とも強調されます。これは、真実から生じていない出来事に信憑性を持たせないようにするための訓練です。

「いや、ちょっと待て！」と理性が反論します。

「あれは本当の出来事だ。毎日のように起こっているし、ひどい目に遭った人だって知っている。現実から目をそむけて、あの災難が現実じゃないとでも言うのか？　実際に起こったことではないか！」

ＡＣＩＭでは痛ましい経験を別の視点からとらえます。

つまり、恐ろしい出来事に動揺することで、その出来事に不当な力を与えてしまっているのです。それこそ現実から目をそむけ、愛の存在を否定することにほかなりません。これまで教わってきた世の中に対する見方からは、大きくかけ離れた考え方かもしれません。

とはいえ、人生を根本から変えたいのであれば、根本から出発する必要があるでしょう。あなたの毎日が完璧に順調で、あなたが幸せなら、そのままでかまいません。

しかし、今現在の生活にあなたが求めている安らぎがないのであれば、人生を別の方法で見つめ直す時期かもしれません。

もしかしたらあなたには奇跡が必要かもしれないし、奇跡に関するACIM全体を必要としているのかもしれません。きっと私たちはみな、それらを必要としているのです。

・・天才が現実を見るとき・・

ヘイハウスラジオ（www.hayhouseradio.com）からレギュラー番組の司会を依頼さ

れたとき、その番組のタイトルを考えなければなりませんでした。

即座に頭に浮かんだのは「現実を見ろ」というフレーズです。私は二重の意味を持つこの言葉が気に入りました。

一見したところでは、あなたがどういう人間で、何を信じ、どう生きたいのかに正直になるよう――つまり本音で生きようという呼びかけです。

そしてもう少し深い意味では、この世界が教えてきた「私たちは何者であるか」という定義をはるかに超えて、私たちという存在は「真に実在するもの」であるということをリスナーに思い出してもらいたいと考えました。

私たちは誰もが神が表現したものであり、神聖な想念を吹きこまれた存在です。私たちこそが自分自身と恋に落ちた神なのです。私たちは慈悲深い創造主のイメージにおいて、創造主そっくりに創られた霊的存在です。

「神が創造したものが神から分かれることはない。父がここまでで終わるという場所はなく、父から分離したものとして神の子がここからはじまるというようなところもない」（W-132.12:4）

世界をよりよい場所へと変えた大半の人々は、まわりから「現実を見ろ」と諭(さと)されました。発展的な変革をもたらしたもっとも優秀な人々が、正気を失った恥知らずの人間だと烙印(らくいん)を押されたのです。

彼らは投獄されて拷問を受け、最後には殺されました。アルベルト・アインシュタインはこう言っています。

「偉大な人間は凡人たちの激しい反発にいつも遭遇してきた」

アインシュタインよりも前の時代を生きたジョナサン・スウィフトも述べています。

「本物の天才が現れたときはすぐにわかる。劣等生たちが束になって食ってかかるからだ」

「地球は太陽のまわりを回っている」と主張したガリレオは、亡くなるまでカトリック教会に軟禁されました。

それ以前にはイタリア人哲学者のジョルダーノ・ブルーノが、太陽はひとつの星にすぎず、宇宙にはほかの知的生命体が生息する惑星が無数に存在すると主張しました。これが理由で異端の判決を受けた彼は、火刑に処されることになります。刑を言い渡した裁判官にジョルダーノは言いました。

「ひょっとすると、刑を宣告された私よりも宣告したきみのほうが怯えているのではないか？」

発明家のトーマス・エジソンは、先駆的な科学者ニコラ・テスラが生み出した交流電流を普及させないよう、激しいキャンペーンを行いました。エジソンは自分が発見した直流電流だけが世界で使われるよう望んだのです。

交流電流のほうがはるかに効率的であったにもかかわらず、エジソンは攻撃の手段を選ばず、どうにかして交流電流の危険性を実証しようと公衆の面前で馬を感電死させたほどです。

エジソンはテスラに「現実を見ろ」と言いました。テスラはこう答えるしかありません。

「現実なら今見ています」

最終的には真実が勝利しました。現在、電気をつけたり、コンピューターを使ったり、ラジオを聴いたり、ワイヤレス機器を操作するたび、私たちは現実を見たニコラ・テスラに感謝するのです。

この先、誰かに「現実を見ろ」と言われたら、最高の褒め言葉だと思いましょう。そして、本当の自分と、その自分がここでやるべきことを思い出させてくれたその人に感謝してください。

この世におけるあなたの目的は、あら探しをする人たちを満足させることでも、他人が決めた基準にそった人間として生きることでもありません。

あなたの目的は自分の偉大さに気づき、それを実証することです。

分裂（ディビジョン）ではなく、理想（ビジョン）に基づいて自己を確立し、何が真実かを世界に示すのです。

そして、否定的に物事を見る人たちをより高い見地へと誘ってください。

あなたが彼らの現実を必要とするよりも、彼らがあなたの現実をはるかに強く必要としているのです。

賢人は失われようがないものの中に暮らしている。彼らが永遠に生き続けるのはそれが理由である。（荘子）

column 2

ＡＣＩＭはどうやって生まれたのですか？

ＡＣＩＭはその教えと同様、奇跡的にこの世にやってきました。つまり、ＡＣＩＭがもたらされた方法こそがＡＣＩＭの教えなのです。

ヘレン・シャックマン博士とビル・セットフォード博士は、コロンビア大学の医学部医療心理学科で教授を務めていました。ふたりは終身在職権を得たその分野の権威で、ビルはニューヨーク市にある長老派教会病院の心理学科長も務めていました。

学界ではよくある話とはいえ、ふたりは喧嘩ばかりしていました。エゴにつかまり、競争心をむきだしにして、陰口を言い合っていたのです。

険悪な日々が長々と続いたあと、ビルはヘレンに歩み寄り、こう言いました。

「別のやり方があるはずだ」。ヘレンはうなずきました。

このやりとりはＡＣＩＭの誕生につながった重大な瞬間だと言われています。

分離することが当たり前になっていたふたりの人間が一致協力することを選択したとき、そのほんのわずかな意思によって扉が開き、人々の心を大きく向上させる教えがこの世にもたらされたのです。

その直後から、ヘレンはこんな声を聞くようになります。

「これは奇跡についてのコースである。ノートをとりなさい」

最初は無視していましたが、声は絶えず聞こえてきます。彼女は不安になりました。おかしな声が聞こえる人を精神科病院に入院させるのが自分の役目だったのに、今度は自分がそのひとりになってしまったのです。ヘレンはビルに電話しました。

「ビル、ずっと声が聞こえるの」

「何て聞こえるんだい？」

「『これは奇跡についてのコースである。ノートをとりなさい』って。どうすればいいと思う？」

ビルは少しのあいだ考えてから答えました。

「ノートをとってみたらどうだろう？」

勇気づけられたヘレンは、さっそく速記ノートにその声を書き留めていきました。はじまりは次のような内容です。

これは奇跡についてのコースである。必修の講座である。あなたがいつこのコースを学ぶか、それだけがあなたの自由な意思に委ねられる。自由な意思とは、あなたがカリキュラムを確立できるということを意味しない。あるときに、何を学ぶかを選択できるというだけである。このコースは愛の意味を教えることを目指してはいない。なぜなら、愛は教えることのできる範囲を超えているからである。しかし、このコースは、あなたが生まれながらに受け継いでいる愛の存在を、自覚できなくてしている障壁を取り除くことは、目指している。愛の対極は恐れであるが、すべてを包みこむものに対極は存在しない。(T-in.1.1-8)

ノートを見たビルは衝撃を受けました。そして、その内容に並々ならぬものを感じ、ノートをとり続けるべきだとヘレンの背中を押しました。

まもなく、ＡＣＩＭの編集作業がふたりの日課になりました。毎日朝早く、ヘレンが速記ノートを持ってビルのオフィスを訪れると、ビルがブラインドを下げます。そしてヘレンが記録した内容を読み上げはじめ、タイプの得意なビルがそれを活字にしていきます。この作業は実に7年間に及びました。

後に、ふたりと同じく心理学者であるケネス・ワプニック博士が編集作業に加わった原稿は、ジュディス・スカッチの手に渡ることとなります。

ジュディスは、出版に向け少人数の協力者を募り、もともと持っていた自分の団体名をFoundation for Inner Peaceと変え、１９７５年、ＡＣＩＭはついに一般読者に向けて出版されることになったのです。

出版社が正式な広告を出したり、マーケティングを行ったりすることはありませんでした。口コミだけでどんどん広がっていったのです。

これまでの販売部数は２００万部を超え、現在ではたくさんの言語に翻訳されています。ＡＣＩＭを実践する人々は今も増え続け、多くの方の人生に変化をもたらしています。

4 投影

映画が登場したころ、生まれてはじめて映画を観ようとカウボーイの仲間たちが山小屋に集まりました。壁にシーツを張りつけてスクリーンにしたのです。

映画がはじまってしばらくすると、出陣の化粧をしたインディアン（注：ネイティブ・アメリカンが一般的な呼称であるが、原文通りとする）の一団が高台から飛び出してきました。「ホーホー」と雄叫びを上げながら、通りかかった騎馬隊の一団に襲いかかろうとします。

すると、その待ち伏せのシーンを見ていたカウボーイのひとりが自分のピストルを抜き、スクリーンのインディアンめがけて全弾を発射しました。

小屋に明かりが灯り、壁のシーツに開いた穴を見て全員が大笑いしました。

ＡＣＩＭが伝えているのは、カウボーイたちが観ていた映画と同じように、私たちが見ている世界は自らの思考の投影だということです。

自分の周囲には人々や生きものがいて、それぞれに生きているように見えます。ところが、そう信じることによって、私たちが見えるものに命を吹きこんでいるだけなのです。

もっと正確に言うと、体験はその人の心から生まれます。

外の世界と闘っているときの私たちは、シーツに発砲する怯えたカウボーイと同じです。外の世界からやさしくされると、自分にもやさしくなります。

映画フィルムはあなたの思考、プロジェクターはあなたの心、そしてシーツに映されたものがあなたが見ている世の中です。

苦悩を他人や外界の出来事のせいにしても、あるいはそれらがあなたを救ってくれたと評価しても、心の平安が訪れることはありません。

それらはすべて、自分が自らに対して行っている投影を見ているにすぎないからです。

投影は、常に他者の中に自分の願望を見る。（T-7.Ⅶ.9:4）

投影は知覚を作り出し、あなたにはそれを超えて見ることはできない。（T-13.Ⅴ.3:5）

∴アヒルの鳴き声∴

有機農業を営む農村に滞在していたことがあります。

ある朝、私は宿泊小屋のポーチに座り、ほかの滞在者たちが草地を抜けて食堂に向かうのを眺めていました。

小径の脇にはピートという名のアヒルがいて、通りかかる人間に向かってガーガーと鳴いています。

その朝、最初にピートのそばを通りかかったのはプロの歌手でした。ピートの鳴き声を聞くと、彼女は立ち止まってこう言いました。

「朝の歌を聴かせてくれるなんて、あなたはなんて素敵なのかしら！」

次に通りかかったのは肥満ぎみの女性でした。鳴き声が聞こえてくると、彼女はピートを叱りつけました。

「ピート、あなたはいつも食べ物をねだって鳴いてばかりじゃないの。そろそろ真面目にダイエットをしたほうがいいわ！」

最後に通りかかったのはとても知的な建築家でした。彼は鳴き声にこう切り返しました。

「ピート……また質問かい？　たまには答えをくれてもいいんじゃないか？」

ふーむ。

それぞれの人が各自の知覚のレンズを通してピートを見ています。

彼らは自分の世界観をアヒルに投影し、自分自身について信じていることをアヒルが考えたことにしています。

つまり、彼らが話しかけていたのは彼ら自身なのです。私たちが話しかけているのは、いつも自分自身なのです。

●罪からまぬがれるための投影●

罪の意識から抜け出すための心理防衛機制として、私たちが投影をどう利用しているのか、聖書の一節（レビ記16：8）が明晰（めいせき）な洞察を行っています。

ヘブライ人たちが約束の地に向かっていたときのことです。荒野をさまようちに、彼らはだんだん気持ちがくじけそうになってきました。

目的地にたどり着けないのは自分たちの罪が原因だという声が上がります。

それを聞いた祭司アロンは野営地に山羊を連れてくると、その山羊に向かって自分たちの罪を投げ捨てるように命じました。

ヘブライ人たちがアロンの指示に従ったあと、山羊は砂漠へと追い払われました。こうして、彼らは山羊が自分たちの罪を持ち去ってくれたと信じたのです。

これが「scapegoat（スケープゴート、贖罪の山羊）」の語源です。

ヘブライ人たちが儀式を行ってから3500年が経った今も、たいした違いはないようです。私たちは自分自身の望まない特性を他者に投影すれば、それが排除できると考えているからです。

こうした投影の対象としては、別れた配偶者が格好の候補者になりそうです。民族や人種も標的となるでしょう。

アドルフ・ヒトラーやドイツ人は邪魔になったユダヤ人をスケープゴートとして利用しました。

十字軍や宗教裁判ではキリストの名のもとに多くの人々が殺害されました。

魔女狩りでは、文字通りに、また政治的にも、数えきれないほどの罪のない人々が火あぶりにされました。

女性は何世紀にもわたって抑圧され、アフリカ系アメリカ人は犯してもいない罪で何十年も投獄され、同性愛者は権利を認められずに社会から追放されてきました。

こうした例はほかにもたくさんあります。

エゴは投影によって罪を捨てられると考えますが、待っているのは悲劇だけです。

外の世界を暗闇で覆っておきながら、自らの内なる光を忘れないでいる人はいないのです。

投影によって自分を守ることはできます。ただし、幸福は必ず損なわれます。

ＡＣＩＭは、本来のあなたには防御など必要ないと断言しています。**「私の安全は無防備さの中にある」**（W,Lesson153）

本来のあなたは永遠であり、罪もなければ、傷つく心配もありません。

投影は、あなた自身と愛のあいだに感じている亀裂を深めていくだけです。

そもそも自分が一度も持ったことがない罪を排除する必要はないのです。間違った思いこみに基づいた偽りの弱さを他人に投影することをやめれば、あなたは解放されるのです。

・・怒れる神が生まれる理由・・

負の感情が究極にねじ曲げられたのが、神に対する怒りの投影です。

怒りは神に属するものではありません。罪悪感、恐れ、無力感、分離によって引き起こされる完全に人間的な感覚です。

「神が怒って罰を与えた」という恐ろしい話はよく聞きますが、そこでは人間の感情をなすりつけられ、神が人格化されてしまっています。

フランスの哲学者ヴォルテールの適切な表現を借りるとこうなります。

「神はわれわれをイメージ通りに創造され、われわれは神にそのお返しをしている」

天災を神の罰だと言う人がいます。

２０１０年に発生したハイチ地震について、キリスト教伝道師のパット・ロバートソンは「ブードゥー教を信仰するハイチ人への天罰だ」と発言しました。この兄弟愛のかけらもないコメントには非難が殺到しました。

２０１１年に日本で東日本大震災が発生した際には、当時の東京都知事が「日本人のアイデンティティは我欲。この津波を利用して我欲を一回洗い落とせ」とコメントしました。彼も激しい非難を受け、のちに発言を撤回しています。

未熟な心は親から虐待されている無力な子どもの目で神を見ます。一方、成熟した心は自分が慈悲深い神の子であり、子を愛する親に苦しめられるわけがないとわかっています。

人々は自分で自分を苦しめる選択をしているだけなのです。

救世主症候群

投影によって自分とは関係ないものとして放棄されるのは、表には出てこない負の感情だけではありません。正の感情もです。

私たちには自分の価値を否定し、それを自分以外の救世主に投影する傾向がありま す。この投影は虚無感や孤独、喪失感を抱く人の恋愛関係で発生します。

たとえば、白馬に乗った騎士がさっそうと現れておむつやクレジットカードの請求書を払いのけ、妊娠線を気にとめるでもなく「きみはなんて美しいんだ」とささやいてくれるのを夢想する場合です。

あるいは、自分だけの隠れ家に「今月の遊び相手」のプレイメイトが派遣されてくるのを夢見ている場合もこれにあてはまります。

私たちはシンデレラのようなファンタジーの世界にうっとりします。実際、シンデレラを下敷きにした恋愛小説や映画や歌は掃いて捨てるほど見つかります。救世主はよく売れるのです。

宗教的な救世主が生まれるのもこれと同じ過程です。

「道に迷った私は地獄に向かっているところです。ひょっとすると、もう地獄にいるかもしれません。完璧なあなたならどうにかできるはずです。お願いです、私を救ってください」というわけです。

形而上学的に言うと、この考え方には真理が含まれています。自分が苦しんでいること、自分のエゴでは救済できなかったこと、ここからの脱出を求めていることをきちんと認識しているわけですから。

あなたには助けが必要で、しかもそれを喜んで受け取りたいと願うことは賢明なことでしょう。

ただし、苦しみから抜け出す方法を間違うと、救われるどころかもっと深みにはまりこんでしまいます。

救世主は自分の外側に存在すると投影してしまうと、内なる神の存在が否定されます。これは仏教の「仏陀に逢うては仏陀を殺せ」という教えと同じです。

仏陀とは歴史上のひとりの人間のことを指しているのではなく、キリスト意識と同様、意識の状態のこと、つまり自分の内に神が存在していること、仏陀とはあなた自身であることを認識せよという意味です。

神聖な存在をひとつの肉体や人格に限定し、それ以外の存在はそれほど神聖ではないと考えると、本当の神より劣る神が作り上げられることになります。

ＡＣＩＭの中でイエスは、自分が私たちと同等である、と繰り返し伝えています。イエスが私たちよりも神聖だとはひとつも記されておらず、みなが分かち合う道を先導し、ともに歩む私たちに手を差しのべる兄だと位置づけられています。

イエスは自分への崇拝を求めていません。彼が求めているのは私たち自身の価値に対する崇拝です。

あなたは完全な存在です。仏陀は「自分自身から手に入れなければ、どこから手に入れるのか？」と問いました。

外へと向かった探求の旅はすべて、最終的にはあなたの心の内へと導かれます。

そこにはあなたが探しているすべてものが、すでに存在し、喜んで受け入れられるのを待っているのです。

> 心の内を見つめることを恐れてはならない……あなたの内には父なる神があなたに全幅の信頼を寄せる、その神聖なしるしが存在する……だから、神があなたの心に置いた光を見つめることである。そして、あなたが恐れていたものが愛に取って替わられていることを学びなさい。（T-13. Ⅸ .8:1,7,13）

パートナーとの関係を癒す

投影の影響をもっとも受けやすいもののひとつが「親密な関係」です。

よくも悪くも、私たちは自分のものと認めないでいるものをパートナーの中に見つけます。そうなると、自尊心をなげうって相手を崇拝するか、自分自身との闘いを鏡映しにして相手を攻撃するかのどちらかです。

とはいえ、価値、美しさ、智慧、強さのどれをとっても、あなたとパートナーは平等です。パートナーという人物の物語をあなたが作り上げてしまったのです。それが素晴らしい物語なら何も変える必要はありません。

しかし、あなたを苦しめるのであれば、違う物語が必要です。

相手を攻撃したり崇拝したりしてしまう場合は、誰もあなたを傷つけることはできないし、救うこともできないことを思い出してください。あなたを傷つけるのも救えるのも、あなた以外にいません。

投影をやめれば、パートナーの本当の姿が見えてきて、純粋に神聖な存在として互いを見つめることができるでしょう。いえ、あまりのまばゆさに見つめ合うことすらできないかもしれません。

それぞれの神聖さに気づいてはじめて、あなたが心から望む関係が手に入るのです。

権力者の正体

投影においてもっともよく見られる間違いのひとつは、自分以外のものに力を与えてしまうことです。

つまり、他人や組織が自分を支配する力を持っていると考えてしまうのです。配偶者、親、大家、隣人、上司、会社、政府、宗教などの例が挙げられるでしょう。とはいえ、あなたを支配する力を持つものは存在しません。

こうした「自分以外のもの」はあなたの心が生み出した認識にすぎないのです。

想念がその源を離れることはない……外へ向かって投影され、心の外に存在するように見えるものは、決して外にあるものではなく、内なるものの反映である……（T-26. Ⅶ .4:7,9）

権力者の正体は、あなたが与えた力によって命を吹きこまれた**権力者の偶像**です。力は与えたのと同様、撤回することもできます。

あなたの魂を支配する力を持つものも、それに値するものも存在しないのです。

腐敗した政府や貪欲な企業が生活を圧迫していると、愚痴のひとつもこぼしたくなるかもしれません。同意してくれる人もたくさんいるでしょう。しかし、それではますます投影を強め、それによって生み出される苦しみを深刻にするだけです。

権力者の偶像に与えた力を取り戻し、自分自身の力に意識を向けてください。

すると投影が消え、救済は必要なくなります。

なぜなら、その時点であなたは聖なる大地に立っているからです。

投影を解消する方法

ACIMでは、延長によって投影を解消できると説明しています。延長とは、自分の内にある神から授かった贈り物を認識し、自分の外側にあると知覚している世界がそれらで包まれるようにすることです。

自分の内なるものを外へ持ち出して見るという点で、延長は投影と似ています。ただし、延長においては私たちは見えているものと自分自身のあいだに分離を作り出しておらず、私たちの根幹にある善性で世界が包みこまれます。投影が切り離して分割する一方で、延長は受け入れて包みこむのです。

ACIMでは、投影をやめて延長を実践することを私たちに求めています。たとえば、私はこの本をあなたのために執筆した、あなたと分離した人間ではありません。この本は私を通じて、あなたがあなた自身に向けて執筆したのです。

私は、あなたがすでに知っていることを思い出すためにあなたが採用した代理人にすぎません。

私のメンターであるヒルダ・チャールトンに、ＡＣＩＭを執筆したのは私なのかと尋ねられたことがあります。笑うしかありませんでした。どうにもふざけた質問です。ＡＣＩＭはイエス・キリストを通じて神がしたためたものであって、私の著作ではないのです。

「できの悪い生徒」というのが当時の自分に対する認識であり、現世を超越した雄弁かつ詩的な書物をいつか理解できたらと考えていたくらいです。

それから何年もかけてＡＣＩＭを徹底的に学んだあと、私は彼女の質問について考えてみました。

そして当時の私の考えよりも、彼女の質問のほうが的を射ていたと気づいたのです。精神修養の師がくだらない質問をするはずがありません。

一見冗談のような問いかけの中に、生徒が成長してはじめて気づく才知が隠れていることがよくあります。

つまり、形而上学的に言えば、ＡＣＩＭを執筆したのは私であり、あなたなのです。私たちの世界に現れるものは、すべて私たちの意識の結果です。「目にしたものは手に入っている」のです。

投影においては、神の言葉は自分の外からやってくると誤解され、人々はその言葉を取り込もうとします。一方、延長では神の言葉は自分の内から生まれ、外へ発信されていきます。

とはいえ、究極的には内も外もありません。あなたが想像することも体験することも、すべてあなたの内に存在するからです。

延長が投影に取って替われば、あなたが創造するものや求めるもの――つまり、本当のあなた自身から分離されることはもはやありません。

∴贖罪とは∴

ＡＣＩＭでは「贖罪」という言葉が頻繁に使われていますが、多くの学習者はこの言葉をなかなか理解できません。

贖罪とは、恐れを取り消して愛に戻ることです。

つまり、分離という夢から目覚め、投影を解消し、どこも欠けたところのない完全な状態に戻るのです。

肉体やエゴとしての限定的なアイデンティティを手放し、霊的存在として私たちの本当のアイデンティティを取り戻した状態です。

贖罪によって、罪、喪失、死といった幻想が消滅し、本来の平安な状態が戻ってきます。


エデンの園、つまり分離以前の状況では、何も必要とされていない心の状態であった。アダムが「蛇の嘘」を耳にしたとき、彼が聞いたことのすべては偽りであった。自分で選択しない限り、真実でないことを信じ続ける必要はない。それは単なる間違った知覚なので、文字通り、そのすべては瞬く間に消滅し得る。

（T-2.I.3:1-4）

贖罪は、一瞬のうちに間違った知覚を真の世界に取って替えます。ずっと天国にいるというのに、あなたはその事実に目を向けないだけなのです。ところが、痛みと苦悩ばかりの世界にうんざりすると、あなたは癒された世界に目を向けるようになります。そうして、贖罪は達成されることでしょう。

私たちはみな投影し、自分が投影した世界に生きています。肉体の中にいるということは、人々やモノを自分から切り離して考えているということです。

とはいえ、投影を引き起こす原動力が本来生み出すのは、絶望ではなく喜びです。神はあなたを本当に愛し、信頼しているので、ありとあらゆる世界を思い起こして探索する力をあなたに与えたのです。

私たちの心が作り出す無限の宇宙に比べれば、『スター・トレック』に登場するホロデッキ（現実とほとんど変わりない架空の立体的空間を作り出す装置）の力など、たかが知れています。

エンタープライズ号の艦長が指令を出すがごとく、時が来ればあなたはこう告げることになります。「コンピューターへ。ゲームは終わった」。3Dの幻影が消滅した瞬間、真っ黒な画面を目の前に立っている自分を発見するでしょう。そのときまでは、目の前にある世界を受け入れるのではなく、自由に世界を創造できるよう意識を拡張させてください。ゲームが終わるときまでに、あなたは最高の世界を創造していることでしょう。

あなたの願望とかけ離れた世界はない。そしてこのことの中に究極の解放が存在する。あなたが何を見たいかについて自分の心を変えれば、世界のすべてはそれに従って必ず変化する。(W-132.5:1-2)

5 影響のない罪

ワシントン州のスポケーンであるプログラムを紹介したとき、ＡＣＩＭの熱心な学習者である友人のオールデンと会いました。

彼は単にＡＣＩＭを学んでいるだけでなく、文字通りＡＣＩＭを生きていました。ある日、私がミーティングのため出かけることになり、オールデンは親切にも車で送ると申し出てくれました。

ところが、彼との待ち合わせの前にマッサージを受けていた私は、そのまま眠りこんでしまい、目を覚ましたときには約束の時間を過ぎていました。

慌てて待ち合わせの場所に行ってみたものの、すでにオールデンの姿はありませんでした。約束を破り、彼を待たせてしまった私は申し訳ない気持ちでいっぱいです。

翌日、オールデンに会った私は謝りました。

「迷惑をかけてしまって本当にすまなかった」

文句を言われるだろうと思っていたのに、オールデンは笑ってこう言ったのです。

「かまわないさ。今日はどこへも送らなくていいのかい？」


オールデンが用いたのは、世の中の法則とは真逆の奇跡の法則です。普通、待ちぼうけを食った人間なら腹を立ててこう言います。

「いいかげんにしてくれ。こんな目に遭うのなら、二度と面倒なことは引き受けないよ。足が必要ならほかを当たってくれ」

しかし、彼の態度はまったく違いました。

彼に迷惑をかけて罪悪感を覚えていた私に、罪などないと教えてくれたのです。彼はまさしく神の教師です。

オールデンが実践したのは、ＡＣＩＭの癒しの公式です。

つまり、相手が自分に対して犯した罪だと知覚したことは、自分には何の影響もなかったと示すのです。「あなたの使命は実に単純である。あなたは、自分がエゴではないことを実証するために生きることを求められている……」（T-4. Ⅵ .6:2-3）

自分の行動が愚かであったり、無自覚だったり、人を傷つけたように思えたときは、自分は、そのような存在ではなく、より奥深く、豊かで、強いことを証明してください。

と同時に、他人に対して罪を犯してしまったと思えても、相手には何の害もなかったと認めてください。

自分や他人に対する罪と思ったことがもたらす何らかの結果は、すべて私たちの作り話にすぎないからです。

負の影響を認めることによって、私たちは罪の存在を容認することになります。罪は何の結果ももたらさないということを私たちが学べば、自分も他人も解放できるのです。

「何の結果ももたらさないものは存在しない。したがって、聖霊にとっては過ちの結果は存在しない」（T-9. Ⅳ .5:5）

エゴの反撃

「いや、違う。あの人のせいで私は本当に傷ついたのだ！」

エゴはそう反論します。

「ポジション欲しさに上司にへつらう同僚に仕事を奪われて、私は職を失ったんだ」「性病をうつされた」「保険にも入っていないばかなティーンエイジャーの車に追突されたせいで、車の修理代を払うはめになった」

他人を苦しませ、悲しませたという罪悪感を覚えると、罪は現実味を増してその影響も大きくなります。「自分のアルコール依存症のせいで、子どもの将来をめちゃくちゃにしてしまった」「浮気をして、夫をひどく苦しめてしまった」「両親は医者になるために大学の費用を出してくれたのに、本当は役者になりたいのが心苦しい」といった具合です。

私たちはみな、さまざまな人や出来事に傷つけられたと思って痛みを感じ、誰かを傷つけたと思って罪悪感を抱きます。

こうした苦痛は現実かつ当然に思えるでしょう。

しかしＡＣＩＭには、あなたの真の自己も、ほかの人たちの真の自己も絶対に傷つくことはなく、苦悩を感じている本人よりもはるかに深遠な場所に存在すると記されています。

あなたの犯した、あるいは他人があなたに対して犯した過ちがどのようなものであれ、内なるあなたは無傷で、何の影響も受けません。

あなたを苦しめるのは行動ではなく、行動に対するあなたの解釈です。苦しみという解釈を選択したように、癒しという解釈も選択できるのです。

「私は、苦しみをもたらすすべての思考を変えることを選択できる」（W,Lesson284）

∴愛そのものであるあなた∴

ＡＣＩＭは保証します。あなたは神の愛を失ったり、つらい生活を強いられたり、苦しみを味わったりすることはありません。

世の中からどのようにひどい人物とレッテルを貼られ、責任を押しつけられたとしても、あなたに罪はなく、絶対的に愛されています。

あなたは、神に創造されたままのあなたであり、それは変わることがありません。

神聖さは私を神聖なものに創造した。
親切さは私を親切なものに創造した。
役立つ力は私を役立つものに創造した。
完璧さは私を完璧なものに創造した。（W-67:2-6）

愛は私を、愛そのもののように創造した。（W,Lesson67）

癒しを得て幸せになるには、自分に罪がない証拠を探し、見つけ、それを認めなければなりません。

難しく感じるならぜひ思い出してください。自分の罪を探し、見つけ、それを認めることは得意だったでしょう?

あなたは自分の身に起こった出来事のある側面を選び出し、そのことを使って自分の弱さを証明する達人です。

それと同様に、自分の見たいものだけを選んで見ることができる力を使って、自分の強さをはっきりと認識するのです。

真の正義とは、唯一、赦しだけだと理解し、あなたの利益になるように状況をとらえてください。ＡＣＩＭでは「罪はその原因も結果もない無意味な作り話」と考えます。つまり、実際には根拠のないファンタジーです。

ＡＣＩＭは、他人が行っていないことを赦し、**「一度もなされたことがないことを見過ごす」**(W-99.4:3)よう求めています。

相手の行動によって自分の体験が決まるという幻想から、自分も相手も解放してください。あなた自身が力を与えない限り、あなたの幸せを奪える何ものも存在しません。ＡＣＩＭには、あなたが自分以外のものに与えた力を取り戻す方法が示されています。

残るのは恵みだけ

すべての罪は過去の暗い穴に潜んでいます。自分や他人が犯した罪がひどく重大なものに見えるのは、過去の出来事に対するあなたの解釈のせいなのです。ところが、私たちが今この瞬間に生きているとき、罪に実体はありません。意味を持たないどころか、実在しないのです。

罪を克服する鍵は、神聖な今この瞬間が侵害されないように過去に対する考えを変えることです。

私が高校に通っていたころ、毎朝、学校までの道のりを友達のジョージと一緒に歩いていました。

ある日のこと、私は好意から無意識のうちに自分の腕をジョージの肩に回しました。ところが彼はそれが気に入らなかったのか、さっと腕を払いのけました。

私はなれなれしくしすぎてしまったのだと思い、なんだか気まずくなりました。そのあとは互いに黙ったまま学校まで歩きました。

その後、私たちは別々の大学に進み、それぞれの道を歩みましたが、ジョージのことを考えるとそのときの光景が浮かんできて、そのたびにばつの悪い思いをしていたのです。

それから35年が過ぎたある日の朝、オフィスへ行くとアシスタントが言いました。

「ジョージ・リンゲルさんという方からお電話がありました。ボスのことをインターネットでご覧になり、懐かしくなったと。ぜひ再会して、また学校まで一緒に歩けたらとおっしゃっていました」

驚いた私はさっそくジョージに連絡し、一緒に昼食をとる約束をしました。

「こんなこと言うと変に聞こえると思うけど」

その席で私は例の話を切り出します。

「ぼくがきみの肩に腕を回したことがあったろう？　きみが振り払って。いやな思いをさせてしまったんじゃないかと、今でも落ち着かない気持ちになるときがあるんだ」

　ジョージは当惑した表情を浮かべました。

「そんなことあったっけ？　まったく覚えていないな。覚えてることといえば、きみが毎朝ぼくを待っててくれたことだけだよ。雨降りの日もね」

　私は愕然（がくぜん）としました。長年にわたって、ジョージとの気まずい記憶を作り上げていたのは、私の誤った見方だったのです。

　一方で、ジョージの記憶はすべて明るいものばかりでした。苦々しい思い出は、この広い宇宙の中で私の心の中だけにしかなかったのです。

　なんという思考とエネルギーの無駄遣いでしょう！　ジョージがずっと私に感謝してくれていたことを知り、私はほっとしました。

　そして、ずっと背負ってきた自分の記憶ではなく、私についての彼の記憶を抱えていくことを選ぼうと決意しました。そこでようやく私は解放されたのです。

「でも、もしジョージが許してくれていなかったらどうなる?」

エゴが割りこんできます。

「腕を回されてジョージが傷ついていたらどうするのだ? いや、それだけじゃすまなかったかもしれない。彼が怒って、もう一生、口をきいてくれなかったとしたらどうするのだ? ふたりが死ぬまで怒りと失望を感じたままだったとすればどうだ?」

(お気づきかもしれませんが、エゴにはシナリオをドラマチックに脚色する傾向があります)

出来事をどうとらえるか、ジョージには選択肢がありました。彼が選んだのは、そのことに注目すらしない、もしくは単に忘れるという選択です。

逆に、出来事にこだわった私は苦しむことになりました。

あなたが誰かに対して罪を犯したと思ったときは、(1)あなたの振る舞い、(2)それに対する相手の考え、というふたつの項で成り立つ方程式を思い出してください。

「あなたの振る舞い」は単なる行動であり、特別な意味はありません。**「私は目にす**

るすべてのものに……自分なりの意味を持たせている」（W,Lesson2）

その人があなたの振る舞いに対してどのように思うかが、その人の体験を決定します。傷ついたり、怒ったり、うらみがましく思うことを選択した人は、その先もその経験の中に生きることになります。

逆に、相手の行動を忘れることにしたり、ありがたい思い出としてとらえることを選ぶなら、それがその人の体験になります。

あなたは自分の行動に責任があります。しかし、あなたの行動をどう解釈し、それをどんな体験にするのかは相手の責任です。

あなたはこれまでに、数えきれないほどの体験をしてきました。その中で心にとどめた瞬間だけが、今のあなたの体験を生み出すものになっています。

つらい記憶に心を奪われると、つらい過去が作られることになります。逆に、楽しい記憶に着目すると、楽しい過去が作られるのです。

私がコーチングをしているクライアントはこう訴えました。

「昔起こったことが忘れられないのです」

私は言いました。

「過去にはあなたにつきまとう力はありません。あなたにつきまとい、悩ませているのは、つらい過去に意識を向けているあなた自身なのです」

恵みに満ちた過去に目を向ければ、消しがたい過去も癒されるのです。

ＡＣＩＭではこう教えています。「過去は終わっている。過去が私に触れることはできない」(W,Lesson289)、「あなたの過去はその美しさ以外はすべて過ぎ去っており、祝福以外のものは何も残っていない」(T-5. Ⅳ .8:2)

私はあなたの思いやりのすべてと、あなたが抱いたことのある愛にあふれる思考のすべてを保ってきた。それらの光を覆い隠してきた過ちを取り除いて浄化し、あなたのために、それら自体の完璧な輝きの中に保ってきた。それらは破壊を超越し、罪悪をも超越している……私は自分自身を愛するようにあなたを愛してきたので、あなたは確実に安らかに出発できる。あなたは、私の祝福とともに、私の祝福のために行くのである。それを常に私たちのものとするために、そ

れを持ち続け、分かち合うことである。（T-5. Ⅳ .8:3-5,7-9）

・・神は記憶喪失・・

マリアという女性がたびたびイエスと話をしていると噂になりました。これを聞きつけた気難しい老司祭は、マリアの嘘を暴（あば）こうと考えました。

司祭はマリアのもとを訪ねて言いました。

「イエス様と話をしていると聞いたが」

「その通りです」

マリアは答えました。

「ならば、次にイエス様と話をするときに、私が神学校でどんな過ちを犯したか尋ねてくれまいか」

「わかりました」

マリアは答えました。

「1週間したらおいでください。イエス様が何とおっしゃったかお伝えしましょう」

これで詐欺師の化けの皮をはがせる。司祭は得意満面で帰っていきました。

1週間後、司祭は再びマリアのもとを訪ねて訊きました。

「今週はイエス様と話をしたのかな？」

「はい、しました」

「私が神学校でどんな過ちを犯したか、イエス様に尋ねてくれたかな？」

「はい、尋ねました」

「イエス様は何とおっしゃった？」

司祭は椅子の背もたれに体をあずけて腕組みをしました。

「『忘れた』とおっしゃいました」

神は私たちの罪を覚えていません。なぜなら、そもそも罪というものを認識しないからです。「神は一度も咎めたことがないので、神が赦すことはしない」(W-46.1:1)

赦しが必要となるのは誰かを非難した人だけです。あなたの意識に非難というものが入り込んでいないなら、赦しは無意味であり不要です。

ＡＣＩＭでは、赦しとは、それまでの過去の幻想すべてを取り消す最後の幻想であると記されています。

神のような存在になりたいと願い、神聖な存在に与えられる深遠な魂の充足を味わいたければ、私たちは、「忘れる」という能力を磨く必要があるのです。

●未来は過去ではない●

あなたが思い描く未来は、過去についてあなたが信じていることの投影です。

過去を作った考え方をそのまま保ち続けると、未来は過去と同じようなものにしかなりません。

過去に対する考えを変えれば未来に対する考えも変わり、未来はより素晴らしいものになるでしょう。

過去と同じく、あなたの未来はあなたが作り上げた物語なのです。

恐れや罪、不信のレンズを通して自分自身や人生を見つめると、暗い未来を予期することになります。

逆に、愛や、罪のない心、信頼のレンズを通すと、明るい未来を心待ちにすることになるのです。未来を恐れるのは、あなたが罪を信じてしまっているからです。

ＡＣＩＭでは、罪のためにあなたが罰を受けることはないと記されています。なぜなら、あなたには何の罪もないからです。

ＡＣＩＭにははっきりとこう書かれています。「……罪から生じるに違いないとあなたが信じているすべてのことは決して起こることはないだろう」(W-101.5:2)

エゴは計画を立てることに取りつかれています。すべてを自らの手でコントロールしなければ大変な事態になると信じているからです。

ところが、真実はそれと正反対なのです。エゴがコントロールをやめ、何もしなければ、素晴らしいことが起こるのです。

皮肉なことに、エゴが計画に没頭しているせいでその素晴らしいことが起こりません。もっと正確に言うと、エゴがコントロールすることに没頭しているために、あなたは素晴らしいことがすでに起こっているのに気づけないのです。

ACIMによれば、未来に対する正しい期待とはよいことばかりが限りなく起こるとする考え方です。

私たちの内にあり、私たちに神の声を届けてくれる聖霊は、愛情と祝福に満ちた未来しか見ていません。

> 計画を立てる心は……古い考えや病んだ信念が継続することなく、過去とは大きく異なる未来を保証するのに必要なすべてが、今ここにあるということに気づかない。予想は何の役にも立たない。道を決めるのは現在の確信だからである。
> (W-135.16:1-5)

未来を案じる必要はありません。実のところ、あなたは一度も未来を心配する必要はなかったし、これからも決して心配する必要はないのです。

未来は自然にあなたのもとへやってきます。「**私は神の手に未来を委ねる**」

（W,Lesson194）

あなたのやるべきことは、今この瞬間の目を見張るような素晴らしさや美しさ、価値に意識を向けることです。そうすれば、今もこれからもあなたには幸せしか訪れません。

●●災難は降ってこない●●

人生において物事が順調に進みはじめると神経をとがらせる人が大勢います。「そのうち悪いことが起こるのではないか」というわけです。

あまりにも幸せだと、身の程を思い知らされるのではないかと考えているのです。

これはエゴのお気に入りの策略です。エゴは幸せな状態が怖いのです。あなたが幸せだと自分の仕事がなくなってしまうと信じているからです。

だから、あなたが苦境から抜け出そうとすると、あなたを不幸にする手段を探すのです。

悪いことは起こりません。幸福はあなたの自然な状態であり、あなたにはそれを手にする資格があります。「神の意志が私に望むのは完璧な幸せである」（W,Lesson101）喜びではなく、恐れや痛みを感じたりするのが異常な状態なのです。これも世間一般に蔓延（まんえん）する考えが真実をあべこべにしてしまっている例でしょう。

幸福はあなたの本質であり運命です。そのほかのことは、どれもねじ曲がった思考の副産物にすぎません。

神はあなたに罰を与えたりしません。あなたに罰を与えるのはあなた自身の罪悪感です。必要もないのに、過ちに対する報いを先取りしてしまおうという態度です。

私たちは子どものころから、間違った行いをすれば必ず罰が待っているのを学んできました。

壁にクレヨンで落書きをすると、親にお尻を叩かれて「罪」が償われます。

成績が悪いと外で遊ぶのを禁止されて、帳尻合わせをさせられます。

神に向き合うには、司祭に自分の犯した罪を告白し、赦しを請わなければなりませんでした。

スピード違反の切符を切られれば、罰金を払うはめになります。

要するに、罪を痛みで清算すれば自由になれる、という信念です。

自分が罪を犯したと信じているとき、自分を責め、神からもっと大きな罰が与えられる前に自分自身を罰するのです。**「エゴは自ら罰することで神による処罰が軽くなると信じている」**(T-5. V .5:6)

しかし、もっとひどい罰が与えられることはありません。罰はすべて、あなたが自分自身に科していたのです。

罰が終わると、爽快な気分になることをあなたは知っています。苦痛を感じている最中と脱出したあとでは、気分もまったく違うでしょう。仲直りのセックスはそのいい例です。

とはいえ、気分をすっきりさせるためにわざわざ苦痛を味わう必要はないし、セックスを楽しむために、先に喧嘩をする必要はありません。

頭を金づちで叩き続けたら、叩くのをやめたときにほっとするでしょうが、幸せな気持ちになるために、そもそもそんなことをする必要があるでしょうか？

お互いに対照的なものの組み合わせによって学べることがあるのは確かです。ところが度を超すと、間違った考えが生まれます。もっと楽な学びの方法を身につけるべきでしょう。

罪悪感を覚えると、あなたは架空の罪を償おうとします。ところが、神はあなたの苦しみを喜びませんし、罰しません。あなた自身ももちろんそうでなければなりません。自分で自分を傷つけるのはそろそろやめませんか？

棄却される申し立て

あなたは幼いころから、事あるごとに採点され、評価され、順位をつけられ、比較され、価値判断され、そして、あなたも他人を価値判断するように強いられてきました。人生は、終わりのない競争になってしまいました。

もっとも優秀な成績、一番有能なチーム、売り上げトップ、もっとも高い収入、もっともセクシーな体、もっとも洗練された身なり、フェイスブックの「いいね！」の数がもっとも多いこと、もっとも大きな家、最新の車、壁のほとんどがガラス張りの洗練されたオフィス――暮らしの中でいつも何かが競われています。

どこを見ても競争や格づけ、勝者や敗者が目に入ってきます。トップの成績を上げたり、大物として名をなしたり、美人コンテストで優勝しない限り、どうも納得できません。オリンピックでは、たとえ1000分の1秒の差であったとしても、2位は失敗というわけです。

これではみんながノイローゼになるのも不思議ではないでしょう。

ACIMではこの狂った状態が一掃されます。霊的な存在としてのあなたは、あらゆる判断をはるかに超越していると保証されているのです。

神の目から見たあなたは完璧です。「非難されてもしかたない」とか「自分はできそこないだ」などと信じる要因となったすべての出来事に意味はありません。

あなたの完全性が損なわれることもなければ、価値が疑問視されることもありません。

自分自身の価値を証明するために競争する必要はないのです。あなたにはほかの誰にもないあなただけの資質が与えられているからです。

あなたにつきまとってきた他人の評価が下されることは決してありません。

神の上級裁判所が自分に有罪を宣告をするだろうと恐れる必要はない。裁判所はあなたに対する申し立てを却下するだけである。神の子に対する申し立ては存在しようがなく、神の被造物に罪を見ようとするあらゆる証言は、神に対する偽証をしているにすぎない。あなたの信じていることすべてを、喜んで神の高等裁判所へ控訴すればよい。その裁判所では神を代弁して語るので、ゆえに、真実しか語られないからである。どれほど入念に用意した申し立てであれ、裁判所はそれを棄却するであろう。どれほど確固たるものに見える申し立ても、神の目をごまかせない。真実の証言しかできない聖霊がそれに耳を貸すことはない。聖霊の判決は常に「神の王国は汝のものなればなり」である。なぜなら、聖霊は、あな

たに本当の自分を思い出させるために、あなたに与えられたからである。（T-5.Ⅵ.10:1-8）

真の更生

罪が実在しないのであれば、刑務所の扉をすべて開け放ち、犯罪者を自由にすべきだということでしょうか？

刑罰を受けることもなく、みながやりたいことを好き放題やっても許されるということでしょうか？

他人に危害を加える人を野放しにしておくべきでしょうか？

悪事も大目に見るのでしょうか？

もちろん違います。人に危害を加える人物を放っておいてそれに加担するわけにはいきません。

他人を傷つける人は自分も傷つけています。愛から分離している状態なのです。

つまり「苦しんでいる人が人を苦しめている」のです。

虐待に耐えることは、自分自身だけでなく、虐待している人をも虐げることになります。

犯罪を食いとめるためには、私たちは適当なところできちんと境界線を引き、攻撃的な振る舞いを拒絶しなくてはなりません。

犯罪者をどのように思いとどまらせるかが、犯罪を阻止するための最重要課題です。

犯罪者が過ちを繰り返す可能性を最小限にとどめる方法があります。ここではまず、犯罪を「愛を求める心の叫び」として認識しなおさなければなりません。

ＡＣＩＭでは、すべての行動は愛の表現であるか、愛を求める叫びのいずれかだと私たちに教えています。

窃盗、強姦、殺人などの犯罪に手を染める人の魂には、ぽっかりと穴が開いています。彼らは虚無、破滅、喪失、無力、孤独といった感情を抱いています。

本当の自分とつながりを感じている人ならば、誰かを傷つけることなど思いもしないでしょう。

表面的に見ると、犯罪は一見、警察が管轄する問題ですが、より根本的には心に関わる問題なのです。

ドキュメンタリー映画の『The Dhamma Brothers（ダルマ兄弟）』（2007年、アメリカ）では、ヴィパッサナー瞑想を実践した終身刑の囚人たちのスピリチュアルな進化が記録されています。

凶悪犯たちは瞑想によって、ぼろぼろになった自分の魂を鎮めていきます。最終的には、彼ら自身やお互いに対して、そして彼らの人生により大きな平安がもたらされました。

彼らの目を見張る変容ぶりは、霊的な源との結びつきに、人生を変えるほどの実質的な影響力があることをはっきりと示しています。

もう少し大規模な研究によれば、住民の1パーセントが定期的に瞑想を実践している地域では暴力犯罪率が低いという結果が出ています。

１９９３年には大規模な瞑想実践者の一団が、当時アメリカの「殺人首都」として知られていたワシントンＤＣを訪れました。街に平穏をもたらすという彼らの目的通り、その後まもなくして殺人事件が減少しました。

これまでに世界中の２００か所以上の学校や刑務所で実施されてきたこの試みは、驚異的な効果を上げてきました。

たとえば、刑務所に瞑想を導入したセネガルでは、最終的にふたつの刑務所が閉鎖されました（この出来事の概要は、YouTubeの『The Square Root of One Percent（1パーセントの平方根）』でご覧いただけます）。

刑務所で行われるのは更生ではなく拘束です。檻の中に閉じ込めれば、危険人物は町からいなくなります。

しかし再犯率が示すように、彼らが完全に更生しているわけではありません。

では、どうすれば真の更生が実現するのでしょうか。

ＡＣＩＭでは、すべての更生は、あなた自身の意識の中からはじまると記されています。

私たちは自分自身の恐れや判断を直視し、それらを癒すよりも、まずは他人を正そうとする傾向があります。

あなた自身に罪がないことを受け入れるなら、罪を犯したとあなたがみなした人々にどう対処すればいいか、あなたにははっきりとわかるでしょう。

曇った判断のもとでは、誰のこともはっきりとは見えません。「**赦しがなければ、私は盲目のままである**」（W,Lesson247）

つまり、自分自身を高みに置けば、あなたは梃子の原理で、とらわれた人々を引っ張り上げられるのです。「**奇跡を行う者の唯一の責任は、自らのために贖罪を受け入れることである**」（T-2. V .5:1）。他人がまっとうに生きるのを待つより先に、まずはあなたが行動を起こすことです。あなたの行動が他者に影響を与えるのです。

心の内に平和を見いだすのは、世界に変容をもたらすための強力な土台となります。

マハトマ・ガンディーやマーティン・ルーサー・キング、マザー・テレサは、決して悪を敵だと考えませんでした。彼らは人々と闘うのではなく、思いやりや平等のために立ち上がり、怒りを募らせている人々では決して達成できなかったであろうやり方で、社会を前進させたのです。

彼らにとって心の平和はただのゴールではなく、すべての価値あるゴールに続く道だったのです。

神のように愛する

ヨガの師であるパラマハンサ・ヨガナンダは、熱烈なキリスト教原理主義者に出会いました。その男は、すべての悪人は地獄へ行くべきであり、実際に地獄へ行くことになる、と言い張ります。ヨガナンダは男に尋ねました。

「お子さんはいらっしゃいますか?」

「息子がひとりおりますよ」

男が答えました。

「ご子息に困った点はありませんか?」

ヨガナンダがさらに尋ねます。

「ときどき酒に酔って帰ってきますな」

「ならば、今度ご子息が酒に酔って帰ってきたら、彼の頭をかまどにつっこんで、とびきり大きな火をおこしてください。ご子息をしっかり押さえつけておかねばなりませんぞ」

ヨガナンダはそう提案しました。

「そんなことできるわけがない！」

男が気色ばんで言い返します。

「なぜです？」

ヨガナンダは尋ねました。

「息子を愛しているからです」

「ご子息がしたことにもかかわらず、彼を非常に愛しているから決してひどい罰を与えることはできないというならば、神がどれほどもっとあなたを愛しておられるかを考えてごらんなさい。神はあなたが苦しむことを決してお喜びにならないでしょう」

ＡＣＩＭでは、愛からの分離を意味する罪は、宇宙において唯一、存在しようのない台本であると説かれています。

罪が実在していたら、人間という存在はとうの昔に消滅してしまったことでしょう。

人間が自分たちに課している罪という制約は実にひどいものです。

しかし、神の法則がそれに取って替わります。愛の内に成り立つ宇宙には、罪や罰が居座る場所などありません。

相手が犯してしまったと信じている罪は、何の結果ももたらさなかったとあなたが実証するとき、そうすることで、あなたはその人とともに自分自身も苦しみから解放します。何の結果ももたらされないのであれば、そこには原因もないということになります。

つまり、何も起こっていなかったも同然です。究極的には、実在しているのは愛だけです。

今や、私たちは確かに救われている。神の手に抱かれ、善きことだけが私たちにやってくると確信し、何にも煩わされることなく休息するからである。（W-194.9:1-2）

6 あなたの手で生きる

チャールズ・ディケンズの名作『大いなる遺産』（新潮文庫）にミス・ハヴィシャムという50代の独身女性が登場します。

大昔、結婚式の当日に婚約者から捨てられた彼女は、すっかり黄ばんでしまった花嫁衣裳を今も身にまとっています。

食堂のテーブルの上に、披露宴のために準備された食器にはクモの巣が張り、その隣には手つかずのウェディングケーキが置かれています。

ミス・ハヴィシャムは長いあいだ真っ暗な部屋の中で過ごしているせいで、実際の年齢よりもはるかに年老いて見えます。

そんな彼女は「蝋人形と骸骨（がいこつ）を足して2で割ったような人」と表現されています。

ミス・ハヴィシャムは典型的な「傷を抱きしめて生きる人」です。ぼろぼろの花嫁衣裳や腐ったウェディングケーキは、消えることのない被害者意識の表れです。彼女は喪失を乗り越えられず、毎日のように思い出し、美化して世界を作り上げているのです。

「苦しみを乗り越えて前へ進むべきだ」。あなたはそうおっしゃるでしょう。もちろん、その通りです。

ただ、認めたくないかもしれませんが、私たち全員の中にミス・ハヴィシャムはいます。誰もがみんな大事に傷を抱えているのです。

ＡＣＩＭでは次のように記されています。

病気になり苦しんでいるあなたは、兄弟が犯した罪を表しているにすぎない。すなわち、兄弟があなたに与えた苦しみを彼に忘れさせないように、あなたが送る証人であり、彼をその罪から絶対に逃れさせないとあなたは誓っている。この病んだ哀れな絵は、兄弟を罰することに役立ちさえするのならと、あなたが受け入れているものである。病んでいる者は誰に対しても無慈悲である……「見よ、兄弟よ。あなたの手で私は死ぬ」と言えるなら。なぜなら、病は兄弟の罪に対する証人であり、死は兄弟の過ちが罪に違いないと証明するからである。病とは「小さな」死にすぎない。つまり、それは完全ではないまでも一種の復讐の形である。ただし、病はそれが表象するものを明確に語る。兄弟に送りつけた暗くて苦々しい絵を、悲嘆の中で眺めてきたのはあなた自身である。その絵が兄弟に示してきたもののすべてをあなたは信じてきた。なぜなら、それが兄弟の中にある罪を証言しており、あなたはその罪を知覚し、愛したからである。（T-27.I.4:3-11）

・・血染めのローブ・・

香港映画の『夢中人（ゆめなかびと）』（１９８６年）では、私たちがどれほど苦しみを賛美するかがドラマチックに描かれています。

ソン・イェという名の青年が恋人のイエ・シャを捨て、運命の人だと信じる別の女性のもとへ走ります。

打ちのめされたイエ・シャはソンの家に行くと、両手首を切り、部屋の扉をノックします。ソンが扉を開けると、白いローブに身を包んだイエ・シャが立っています。彼女は十字架の形に伸ばした腕から床に血を滴(したた)らせうめきました。「ソン・イェ！」

そして、床の上にくずれて死んでしまいます。

彼女の行動は少し極端かもしれません。しかし、このシーンには私たちの誰もが身に覚えのある構図が隠れています。

あなたが失恋や、どのような種類のものであっても裏切りの苦しみを味わったことがあれば、あなたはイエ・シャと同じく、見捨てられた恋人です。

手首を切り、血を滴らせて墓場へと向かいながら、言葉なり行動なりで、こう宣言しているのです。「**見よ、兄弟よ。あなたの手で私は死ぬ**」

ＡＣＩＭでは、私たちが精神的に自分自身を傷つけることをするのは、報われない恋の場合だけだとは言っていません。

肉体的なものであれ感情的なものであれ、どのような病や苦しみも、私たちを傷つけたことの罪を別の誰かになすりつけておくための手段であり、もし他人を責めなかったら、自分自身が病気になることは決してないだろうとＡＣＩＭは説明しています。

このような力の相互作用について簡単に信じることのできない話であることは百も承知です。あなたがこの本をぱたんと閉じ、チョコレートやビールに手を伸ばしたくなったとしても無理はありません。

とはいえ、もう少しおつき合いください。この原理があなたの人生をどのように救うのかをお伝えしましょう。

❖病は気から❖

苦しみを取り消すための最初のステップは、あなたが不調や病気の原因だと思っているものの正体をつきとめることです。このとき、ひとつでも嘘があってはなりません。

というのもたいていの人は、自分以外のものや自分よりも強力な何かによって問題が引き起こされたと考えているからです。

たとえば、こんなふうに――ドアノブを触ったから病原菌に感染した、インフルエンザが流行しているせいだ、水星が逆行中だからだ、獅子座の人間は注目されていないと気がすまないから、99パーセントの庶民は1パーセントの金持ちから食い物にされているのだ、前世からのカルマがこの苦しみをもたらしたんだ、だめな親を見て育ったせいで自分もだめな人間になった、ただ運が悪かっただけ、などなど……。

ACIMによれば、人々の考えるこうした「原因」はすべて、単なる思いこみにすぎません。

唯一の原因はあなたの心であり、肉体はその反映であり、結果であるのです。**「私は自分の思考にのみ影響を受ける」**（W,Lesson338）

自分の外側の誰かや何かを苦痛や病気、損失の原因にする表現はいろいろあります。日常でよく耳にするものを見てみましょう。

「あなたには吐き気をもよおすほどだ」
「あなたに死ぬほど苦しめられている」
「上司は目の上のたんこぶだ」
「子どもたちには手を焼いている」
「別れた妻は人使いが荒かった」
「このプロジェクトは頭痛の種だ」
「あの同僚には我慢ならない」
「恋人に心をずたずたにされた」
「母親の要求には息が詰まる」
「子どもの大学の費用が高すぎて手も足も出ない」
「請求書にはげんなりさせられる」

「相手のチームにこてんぱんにされた」

「この景気では身動きがとれない」

「テストのことを考えるとやきもきする」

「あの映画は完全なお涙ちょうだいものだ」

「あなたの嘘は聞き飽きた」

「あの統計学の教授の講義は眠くなる」

「彼女の話を聞いていると耳が痛くなる」

「リストラされたのはとんでもない屈辱だ」

「彼の目つきには身の毛がよだつ」

「この町を出たくてたまらない」

「秘密を漏らされるなんて寝首をかかれた気分だ」

「殴られたいのか？」


こうした言葉を、私たちはよく考えもせずに口にしているかもしれません。単なる

「言葉のあや」だとおっしゃる人もいるでしょう。

しかしこれらの言い回しは、他人や自分自身に投影している罪悪感や非難を展開させるために体を使った表現をどのように私たちが利用しているかを明確に示しています。

寓話の傑作である『かもめのジョナサン』（新潮社）の中で、著者のリチャード・バックはこう記しています。「きみたちの全身は、目に見える形をとったきみたちの思考そのものにすぎない」

つまり、健康な肉体とは健全な思考が反映されたものであり、病んだ肉体には病んだ思考が反映されています。

「他人は自分を苦しめる力を持っている」とか、「傷ついた自分を見せつけることには価値がある」などと信じていると、それが体の不調となって表れることになります。

逆に、自分の幸福は他人の行動とは関係がないと理解していれば、肉体には活力があふれます。

肉体はあなたが言葉で言い表さないことを体調で示します。

私の友人のカールは東海岸である女性と暮らしていましたが、彼女とはうまくいっていませんでした。関係を解消しようと考えながらも、ずるずるとそれを先延ばしにしていました。

ある日、カリフォルニアでの出張の仕事を終えたカールは、帰宅するために友人の運転する車で空港へ向かっていました。

すると突然、胸に激痛が走り、気を失いそうになってしまいました。友人が車を止め、道端の草地に彼を寝かせなければならなかったほどです。

カールが口に出さなかった言葉を、彼の体は語っていました。「家に帰りたくない。これ以上は耐えられない」

カールはこの出来事によりはっと気づかされ、彼女との関係を解消したのです。

私たちは体に表れる状態を通じて、聞く必要のあるメッセージを聞き、他人に聞いてもらいたいメッセージを発信しています。

そんなことをせずとも、直接的にコミュニケーションをとり、魂の導きに従って振る舞えば、魂が私たちに求めることを語ったり、行動で示したりするのに、肉体の状態として表す必要はありません。

・・問題の原因は？・・

ではこれから、苦しみを解消するために頭の中を整理していきましょう。

あなたが今抱えている、またはかつて抱えていた苦痛や不調、病気を書き出し、続けてその問題の原因である人や状況を書き出すことからはじめます。

腰痛：家族を養うため身を粉にして働かなくてはならない。

頭痛：今日の子どもたちには悩まされた。

呼吸困難：母親に抑圧されている。

関節炎：夫に束縛されていて自由がない。

潰瘍（かいよう）：頑張らないと競争に負けて職を失ってしまう。

次ページに表を用意しました。あなたの場合はどうか、書き込んでみてください。

これらのいかなる場合でも、あなたに困難をもたらしているのは「外部」の誰かや何かで、その結果としてあなたが慢性的な不調に耐えるはめになっています。問題の原因は人、仕事、組織、経済、細菌、政府、宗教、星座の位置かもしれません。あるいは地域社会、政治哲学、時間、人類、世界、神など、漠然としたものが原因の場合もあるでしょう。

とはいえ、どれも理屈は同じです。問題の原因はあなたより強力なあなた以外の何かだというわけです。

ＡＣＩＭでは、無意識につく「小さなため息」（W-167.2:6）さえも明確な被害者意識の表れだと説かれています。

苦痛／不調／病気					
人や状況などの原因					

●問題からの脱出●

さあ、ここまで私とともに進んできたあなたなら、あとは問題から脱出するだけです。

最初のステップは、人や組織、状況や条件に、あなたの幸せを奪う力などないと理解することです。誰であっても、何であろうとも、絶対にあなたの幸せを奪えません。

喜びを経験することは神があなたに与えた権利であり、あなただけが主権を持つ聖域です。「私には統治しなければならない王国がある」(W-236.1:1)

誰かがあなたを脅したり、批判したり、侮辱したり、あなたに関する嘘を言ったり、怖がらせたり、罰したり、肉体的な危害を加えたりして、幸せを奪おうとすることはできるでしょう。

ただし、あなたがその力を与えない限り、あなたの心の平和が奪われることはありません。

健康とは、神という工場で組み込まれたあなたへの贈り物です。もし誰かがあなたの心の平和を奪ったように思えるのであれば、あなたの聖域に侵入して宝物を盗むのをあなた自身が許したからです。「……私が（王国の）王であるとはとても思えない。王国が私に勝利し、何を思い、何を行い、何を感じるべきかを私に告げているように思える」（W-236.1:2-3）

その一方で、次のようにも記されています。

> 平安は創造主によってあなたのために創られ、その創造主からあなたに与えられ、創造主自身の永遠の贈り物として確立されている。神があなたに意図するものをあなたが求めたとき、失敗することがあり得ようか？（W-185.12:1-2）

強制収容所や原爆の被爆地、天災の渦中、経済不況、飢饉、戦争といったもっとも悲惨な状況において、自らの内なる光を保っていた人々がいます。

みなが恐れ、苦しむ中で、眼前で起こっているように見えることを超越したモノの見方をうまく活用した人たちです。**「私は、この事の代わりに、平安を見ることができる」**（W,Lesson34）

長いあいだ中国当局に拘禁されていたチベット仏教僧のインタビューを見たことがあります。僧侶はこう尋ねられました。

「特に危険な状況はありましたか？」

「ありました」

僧侶は答えます。

「数回ほど」

「拷問を受けたのですか？」

「いいえ、違います。私が腹を立ててしまったことがあったのです」

僧侶は肉体的な自由ではなく、心の平安が奪われることこそ危険だと考えていたのです。

こうした難局において、内なる光を忘れずに保ち続ける心の器がまだ整ってないとお考えの方でも、家族や親戚が集まる食事の席くらいなら手はじめにいいかもしれません。

たとえ家族や親戚の誰かにイライラさせられても、相手の振る舞いを攻撃と考えてはいけません。他人の行動は「誰かが何かをした」という単なる情報です。

親戚の叔父さんが不愉快な冗談を言ったとすれば、きっと叔父さんは苦境にあるにちがいないというサインです。

辛辣（しんらつ）な彼の言葉は、自分の罪を山羊（この場合、スケープゴートはあなたでしょう）に投影し、野営地からその山羊を追い払おうとする手段なのです。

ただし、山羊として死ぬまで砂漠で暮らすことをあなたが受け入れない限り、叔父さんの目的が成就することはありません。

彼の意地悪な言葉は、実は愛を求める心の叫びであり、意地悪な言葉というヴェールに覆われているだけです。彼の冗談はあなたがそれに力を与えない限り、あなたを傷つけることはありません。

叔父さんの言動がどのようなものであろうと、それと関係なく、あなたは無傷であり、「生命の源」とつながっているのです。

そこで**「私の安全は無防備さのうちにある」**（W,Lesson153）ことを意識できるようになれば、あなたは晴れて「叔父さんの目覚めの学校」を卒業する運びとなります。叔父さんはあなたの心からいなくなるか、もはや食事の席を台なしにはできなくなるかのどちらかです。どちらにせよ、あなたは自由です。**「私の無罪性がすべての危害から私を守る」**（W,lesson337）

∴死から生へ∴

苦痛や病気を無効にする次のステップは、罪の投影を愛の延長に置き換えることです。これまで「自分の不利になるように」状況をとらえてきたのを、「有利になるように」とらえ直すのです。あなたの新しい宣言は「見よ、兄弟よ。あなたの手で私は生きる」になります。

あなたの苦痛の原因だとあなたが信じている人たちを責めるのではなく、自分を助けてくれる存在だと信頼することです。彼らは悪魔ではなく天使なのです。

悪魔を天使に転じさせる方法はふたつあります。ひとつめは、その人に対して心から感謝できる点を思い出すことです。

叔父さんは子どものころローラースケートへ連れて行ってくれたとか、母親は今でも誕生日にお小遣いを送ってくれるとか、離婚した妻は子どもにとってよき母親だとか、心から感謝できることは何かしらあるはずです。

彼らの意地悪で不愉快な言動ではなく、思いやりのある有益な言動に目を向けてください。ほんの少しでも、いえ、たったひとつでもかまいません。

あなたはこれまで、悪いところばかりに着目してその人を評価してきました。実はそれと同じくらい簡単に――いえ、実際はそれよりももっと簡単に――長所をとりあげて判断できるのです。これはあなたの物語なのですから、脚本を変えてしまいましょう。

とはいえ、あなたはこうおっしゃるかもしれません。

「あの人にはいいところなんてひとつもない。人の姿をした悪の化身、暗黒の世界からやってきた悪魔だ。まわりの人間の生活はいつもめちゃくちゃにされる。あれほど不快な人間はほかにいない！」

　わかりました。

あなたの言い分がすべて本当だとしましょう——あなたを困らせているこの人物は詐欺師でろくでなし、最低の人間です。

でも、考えてみてください。

この人がいたからこそ、あなたは成長できたのではないでしょうか？

この人が好人物だったら、あなたの心の筋肉はここまで鍛え上げられたでしょうか？

あなたを傷つけ、侮辱しようとする人がいても自分の力と自尊心を手放さないでいることを学べましたか？

ためらわず、率直にありのままを語れるようになりましたか？

気が進まないながらも相手に従うのではなく、自分が望むものをちゃんと求められるようになりましたか？

きちんと相手と自分の境界線を引けるようになったでしょうか？

忍耐強く、大きな思いやりを持てるようになりましたか？

自分を大切にする選択ができるようになっているでしょうか？

あなたに食ってかかる人から得た、そしてこれからもまだ得られるかもしれない恵みは計り知れません。

古代ギリシャに、大金を払って自分のことを侮辱してもらう男がいました。毎日のように侮辱されながらつきまとわれていたその男は、とうとう侮辱されてもなんとも思わなくなりました。

あなたを苦しめた人から、その人が提供したサービスについて、請求書が送られてこないことに感謝してもいいくらいです！

誰であれ、私たちを助けてくれます。やさしくすることで助けてくれる人もいれば、意地悪に振る舞うことで助けてくれる人もいます。

相手が何をしようとも、私たちはやさしさを選べるのです。

精神的な成長のため、あなたは相手と魂の契約を交わしています。その人はあなたの大切な友達です。あなたが自分の力を取り戻すのを助けるために、悪役の衣裳を身に着けることを引き受けてくれたのですから。

もっともいやな役を演じるのはもっとも優秀な役者たちです。

公演が終わって衣裳を脱げば、舞台の上で演じていた役柄とは大違いのとてもいい人たちです。

舞台上での彼らの演技については気にする必要はありません。

それよりも、公演後に楽屋で一緒にワインでも飲みながら、その日の舞台について大笑いすることです。圧倒的な演技力で悪役を演じている、彼らの本当の友情とサポートに気づいてください。

苦しみを他人のせいにしても、得られるものは何もありません。あなたが何かを得られるのは、相手がしてくれたことを受け入れたときだけです。

このように視点がひっくり返ることが、知覚においてあなたが達成できるであろうもっとも有効な転換なのです。

・感謝という智慧・

真の成功者は「あなたの手で私は死ぬ」とは決して言いません。彼らは自分の成功を他人のおかげだと考えています。

つまり、「私はあなたの手で生きる」と言っています。形而上学的に言うと、あなたの成功について他人が責任を持つわけではありません。あなたは成功することを選んだので、成功しているというわけです。

とはいえ、他人の過ちを責めるより、他人があなたにもたらしてくれた恵みに感謝するほうが、心が明るくなるばかりか成果も上がるでしょう。

優秀なマネージャー、リーダー、スポーツ選手、賞の受賞者といった人々は、自分の功績を友人や同僚、チームメイト、家族、関係者、神のおかげだと言います。

ワールドシリーズで優勝した選手たちは、ともにプレイする素晴らしいチームについて語ります。

アカデミー賞では受賞者が、自分の才能を開花させてくれた人々の名前を次から次へと読み上げます。

病気を克服した人は神に感謝し、企業のリーダーはプロジェクトに尽力した関係者に礼状を送り、賢い政治家は有権者を尊重します。

バラク・オバマ大統領が2期目の選出を果たしたとき、ツイッターの何百万のフォロワーに向けてこうツイートしました。「すべてみなさんのおかげです。ありがとう」

今も、そしてこれからも、あなたが病気を患(わずら)ったり、お金に困ったり、見捨てられたり、孤独を感じたり、傷ついたりすることはありません。

これらは、起こったことに対してあなたがかぶせた解釈です。自分の選択に100パーセントの責任を負うと、次によりよい選択をするための100パーセントの力が手に入ります。

思考の力を新たな方向へ集中させれば、かつては病気や死を見ていたところに、癒しと生命をもたらすことができます。「あなたの手で私は生きる」と宣言することは、悪魔の仮面を脱ぎ捨て、代わりに、仮面の下にある神の子に目を向けることです。

あなたの心の外にある何ものも、あなたを苦しめたり傷つけたりすることはできない。あなたに手を伸ばし圧迫することができることの原因は、あなた以外にあり得ない。自分だけが、自分自身に影響を及ぼすことができる。あなたを病気にしたり、悲しませたり、無力にしたり、ひ弱にする力を持つものは世界にひとつも存在しない。しかし、真の自分をただ認識することによって、目に映るものすべてを支配できる力を持っているのはあなた自身である。(W-190.5:2-6)

column 3

ACIMは誰が執筆したのですか？

ACIMの中で、「ACIMをもたらした声の主」は自らをイエス・キリストだと伝えています。

ACIMを口述した声は、新約聖書に記録されているキリストの生涯における数々の出来事やキリストが述べた言葉について触れており、十字架刑や復活を含め、キリストの体験や言葉を自分自身のものとして語っているのです。

こうした表現だけでなく、ACIMに満ちている叡智や慈悲、見識には、イエスとしてこの地上を歩いた人間が象徴されています。

しかしACIMを口述した声の主は、新約聖書の読者や多くのキリスト教徒によって一般的に理解されているキリストの教えをさらに深く、豊かに、核心をついて語っています。

聖書の表現や概念には、恐れや罪の意識によって曲解されているものがあります。イエスはACIMの中で、無実や赦し、私たちと神との完全な一体性という観点から、それらを引用しながら再解釈しています。そのため、ACIMの著者であるイエスは、多くの人々が知っているイエスとは違います。

もちろん、イエスがふたりいると言っているわけではありません。私たちはたびたび、聖書の中のイエスを汚れたレンズを通して認識してしまうからです。

ACIMの背後にひかえているイエスは、愛を象徴しており、愛だけを表現していいます。

聞こえた声を注意深く記録したヘレン・シャックマン博士が、自らをACIMの著者だと主張したことは一度もありません。彼女は筆記者としての役割に徹したのです。

亡くなる前、ヘレンは自分がACIMの筆記者であることを葬儀で明かさないようにと家族に言い残しました。

全宇宙的にも重要な役割を果たしたにもかかわらず、最初に声がヘレンに語りかけたときからこの世での彼女の旅が終わるまで、ヘレンは自分の役割に謙虚であり続けたのです。

ＡＣＩＭの著者がイエス・キリストであるとあなたが信じるかどうかよりも、ＡＣＩＭの教えを学び、日々実践することのほうが重要です。

ほかのスピリチュアルな教義と同じように、その価値は人々の人生の質を高めることであり、誰が教義を編み出したかではありません。ＡＣＩＭの著者について議論するのは貴重な時間の無駄遣いでしょう。

エゴの牛歩戦術である論争などＡＣＩＭは無関心です。ＡＣＩＭが関心があるのは癒しだけなのです。

ＡＣＩＭの著者がイエス・キリストだと考えることであなたの心が安らぐのであれば、その直感と信頼に従ってください。

もし、著者が誰なのかよくわからないなら、ＡＣＩＭがあなたに恵みを授けているあいだ、その疑問はそのままにしておきましょう。

魂の目覚めは、名前や形をはるかに超えて広がっていきます。

7 特別な関係

私のコーチングのクライアントであるステファニーは、公認会計士として一流企業で働いています。離婚を経験している38歳の彼女には、思春期目前の息子と娘がいます。

ステファニーは健康で聡明、とても魅力的です。同僚からは一目置かれ、かなりの収入を稼ぎ、高級住宅街に素敵な家を持っています。

これほど成功しているのにもかかわらず、彼女にはひそかな悩みがあります。人生の伴侶が見つからないことです。人生は順調に進んでいるというのに、特別な人との有意義な関係となると話は違うのです。

ステファニーはデートした男たちにまつわる悲惨な話を聞かせてくれました。たいていは体を求める男で、何人かは要求ばかりする男、そのほかはナルシストでした。

怒りの感情にとらわれた、怒りの中毒状態の人間もひとりいましたし、あとからわかったことですが何人かは既婚者でした。こともあろうに、会議中にもかかわらず、酔っ払ってしまった男に同僚の前で恥をかかされたこともあると彼女は言います。

何人かにプロポーズはされたものの、一緒にいたいと思った人はひとりもいません。「私が好きな人は私のことを好いてくれないし、私を求めてくれる人は私がいいと思えないし……。私は本当にパートナーと出会えるのかしら？」

よく聞く話ですね。

なぜ私たちの多くが男女関係に失望して苦しんでいるのでしょう？

自分にぴったりの人を見つけることが、どうしてそれほど難しいのでしょう？

はじまったころは情熱に満ちていた関係が、新鮮味を失ったり、退屈になったり、つらくなったりするのは何が理由でしょう？

なぜ大勢の人が、一番大切なパートナー以外との関係から満足感を得ようとするのでしょう？

かつては心から大切に思った人と最終的には争うことになってしまうのは何がいけないのでしょう？

これほどたくさんの人が離婚するのはどうしてでしょう？

コロコロと恋人を変え、結婚を繰り返しても、虚しさや孤独を感じている人が大勢いるのはなぜなのでしょう？

ＡＣＩＭには、この痛ましい問題を引き起こす力学とその解決策が明確に記されており、「特別な関係」については、殊にたくさんのページを費やして書かれています。

私たちは特別な人に出会い、ずっと一緒にいたいと考えます。ＡＣＩＭではその「特別」という言葉がユニークな方法で使われています。

特別な関係では、幸せの源泉となる人やモノ、あるいはイデオロギーが選び出されます。

私たちは自分が無力だったり、孤独だったり、困っていたり、自分には足りないところがあると思っています。

人生はつまらないもので、価値がなく、つらくて困難なことばかりが起こると考えています。

そこで、こうした欠乏感を埋めて幸せにしてくれる力を持つ他人やモノに頼って、現状から逃れようと考えます。

つまり「あなたが私を完全にしてくれる」という考え方が、特別な関係の絶対的な公式です。

誰かがあなたを完全にしてくれるということは、あなたが不完全だということになります。これは真実ではありません。

この間違った自分に対するイメージが私たちのあらゆる感情的な苦痛の根本的原因です。あなたは不完全でもなければ、あなたを完全にできる存在もありません。あなたは永遠に、まぎれもなく完全な存在なのです。

誰かが何かをすることであなたを幸せにし、完全にできるとすれば、その人がそこから手を引けば、あなたは不完全な状態に戻ることになります。

これが「あなたが私を完全にしてくれる」という公式の致命的な欠陥です。

自分を完全にしてくれる人と一緒にいるときは、うきうきとして心がわき立ちます。ところが関係が悪化すると、絶望のどん底に突き落とされ、これまで以上の孤独を味わいます。

彼からかかってくる電話で天国へ行けるのであれば、かかってこない電話を待ちわびているあいだは地獄に送られることになります。彼女のルックスに熱を上げていると、容貌の衰えとともに熱が冷めます。「きみはぼくの生きがいだ」という彼の言葉に安心したところで、彼があなたといるよりも、仲間と釣りに出かけることを選んだ日には、置き去りにされたあなたは奈落（ならく）の底へ突き落とされます。

「特別な」愛は依存症を引き起こす麻薬です。夢中になればなるほど、もっと欲しくなります。手元から消えてしまうと、待っているのは深刻な禁断症状です。

神聖でない関係は相違に基づいており、相手が自分にないものを持っていると互いが考える。彼らが一緒になるのは、自分自身を完全なものにし、相手から奪うためである。彼らは盗むものがなくなったと思うまで留まり、それから次へと進んでいく。そのようにして、彼らは自分たちとは違う見知らぬ人々の世界をさ

まようことになる。彼らの肉体は同じ屋根の下で暮らすこともあるが、どちらにとっても避難所とはならない。同じ部屋にいても別々の世界に住んでいる。（T-22.in.2:5-8）

行き着くところまで行くと、再びあなたは救世主の役割を果たしてくれる別の人やモノを探します。

エゴは、あなたを満たす特別なものが列挙された終わりのないリストを提供します。

しかし、このリストはあなたの空虚感への答えにはなりません。

なぜなら、それは新しい麻薬以外の何ものでもなく、中毒者としての渇望が満たされるだけだからです。**「自分の価値を高めようとしてあなたが自分の視界の中で探すものはすべて、あなたをさらに制限し、あなたの価値をあなたから覆い隠し、自己に対する真の認識へと通ずる扉にもう1本かんぬきを加えるだけである」**（W-128.3:3）

遅かれ早かれ、特別な関係はぐらつき、やがて消え去ります。あなたはスタート地点か、それよりも後ろまで逆戻りするのです。

喜びや悲しみをもたらすものとして自分の外側の何かを切り離すことはできないし、それをしているとき、心の平安を維持することはできません。

あなたが何かを特別にしておくとき、自分を救ったり苦しめたりする力をそれに与えてしまっているのです。

ところが、その力を持つに値するのはあなた以外に実在しません。あなただけがその力を持っています。

自分以外のものに力を託すのをやめれば、後にも先にも他人やモノが絶対にもたらすことができない癒しや贖罪をあなたは経験するでしょう。

あなたがずっと探してきた特別な人とはあなた自身なのです。**「私の救済は私から生じる」**（W,Lesson70）

さまざまな特別性

私たちは恋愛のパートナーだけでなく、友達、雇用主、所有物、イデオロギーなどと特別な関係を築きます。教師、セラピスト、指導者（グル）、ペット、スポーツ、食事、家、衣類、自動車を特別な存在だと考える人もいるでしょう。

映画俳優やロックスター、作家に熱中する人もいれば、ラジオやテレビの番組で評論家が政党の評価について熱弁をふるっているように、政党のようなイデオロギーにのめりこむ人もいます。

毎年の夏休みを過ごすお気に入りのホテルなど、場所にこだわりを持つ人もいるでしょう。枚挙にいとまがありません。

エゴは**なんでも**特別な関係の標的にしてしまいます。そして、そうする自由が与えられるなら、エゴはまさにそうするのです。

ヨガの指導者である私のメンターが、ヒマラヤ山中にひっそりとたたずむ僧院を訪れました。静かで瞑想的な雰囲気が評判の場所です。ところが僧院に近づいてみると、怒鳴り声が聞こえてきました。

「それは私のだ！」

すぐに別の声が反論します。

「違う、私の・・のだ！」

ふたりのヨガ行者が瞑想用のクッションをめぐって口論していたのです。

どちらも、それを使えばより深い平安へ到達できると考えているようで、口論は延々と続きました。

世界中のすべてをなげうったとしても、この特別なクッションだけは必要だとまだ信じているようでした。

それが自分たちを天国へ導くと信じる一方で、争っていたあいだ、少なくとも彼らは地獄にいたのです。

私たちの多くが特別な関係を築くのはお金です。あると安心しますし、足りないと不自由に感じます。

お金は、自分の力を自分の外側にある何かに与えてしまうことの古典的なたとえといえるでしょう。

人々はお金が原因で争い、お金のために人を殺し、大切な友情までも破綻させます。金銭目当ての犯罪はあとを絶たず、経済戦争で戦う国々は大勢の人々を破滅へと追いこんでいます。

特別性を追求すれば、個人だけでなく、国や文化にまで影響が及ぶのです。

皮肉なことに、もっとも頻繁に特別な関係の対象にされるもののひとつが宗教です。自分の宗教がほかの宗教よりも神に近いと信じている人が大勢いるのです。

数えきれないほどの信者が延々と続く血なまぐさい戦いに身を投じ、特別な宗教の名のもとにたくさんの人々が殺されてきました。

神は殺生にいっさい関与しません。関与しているのは、自分たちの宗教が特別だという思いこみです。

ドキュメンタリー映画『Oh My God（オー・マイ・ゴッド）』（2009年、アメリカ）には、テキサスで銃の販売店を経営するキリスト教徒が登場します。彼女は「イエス・キリストを信じない人間はみんな地獄へ行く」と断言します。今度は中東の敬虔なイスラム教徒がこう主張します。「アッラーを崇拝しない人間はみんな地獄へ行く」

映画はこんな調子で続きます。人々を近づけ、神に近づくという幻想のもと、宗教に対する特別性は、人々を互いに、そして神から切り離してしまうのです。

ある出来事が特別な関係の対象になる場合もあります。私は30年前にあるヒット曲を書いた女性と会ったことがあります。

話をしてみると、彼女の口からはその曲にまつわる話題しか出てきません。

しばらくして「この30年間、彼女の人生にはほかに何も起こらなかったのだろうか」と疑問がわいてきました。彼女は一度の成功に執着するあまり、それからあとの人生は話す価値もないと思っている節がありました。

とはいえ、もちろん彼女やその周辺にはほかにもいろいろなことがあったわけで、私が聞きたかったのはそういう話です。

しかし、本当の彼女はゴールド・ディスクという過去の一瞬の栄光のもとに葬り去られてしまっていたのです。

私たちはみな、必ず何かと特別な関係を結んでいます。

ACIMはそうした関係を理解し、変化させる手助けをしてくれます。その方法はのちほどご紹介することにしましょう。

・特別な愛と特別な憎悪・

特別な恋愛関係には特別な憎悪がつきものです。自分が幸せになるための力を誰かに託すと、やがてその人に都合のいいようにされるのが許せなくなるからです。

自分を惨めにする人を好きになれるでしょうか？　愛情を注ぐなどもってのほかで

しょう。

熱烈に愛し合っているように見えても、神経を逆なでされたとたん煮えたぎっていた怒りが爆発します。

同時に、あなたは自分に対する裏切り行為をしている自分自身にも嫌気がさしています。

特別な愛に身を委ねると、自力では幸せになれない不完全な自分を目にしなくてはならなくなります。

もちろん、これはゆゆしき事態です。自分を完全にしてくれる誰かを必要とすれば、自分自身を蔑（さげす）むことになるのです。

このように、特別な愛はあっという間に特別な憎悪に変わります。

思いやりのない言葉、冷ややかな視線、祝われることのない記念日――宣言したはずの愛は瞬く間に消滅します。

相手を心から愛しているとすれば、なぜたちまちのうちに怒りがわいてくるのでしょう？　誰よりも愛しているはずの人とどうして大喧嘩になるのでしょう？

それは、あなたの宣言した愛が特別な愛であって、真実の愛ではないからです。あなたの隠れた意図は、自分では調達できそうにないものを相手から手に入れることです。相手が注文通りのものを届けてくれる限り、あなたはその人を愛し・ま・す。しかし、それが届かなければ……気を付けてください！　味方はたちまち敵に姿を変えてしまいます。

特別な愛と背中合わせの特別な憎悪は、有名人や教師、指導者を偶像崇拝する憧れの関係にも現れます。「ファン（fan）」という言葉は「狂信者（fanatic）」を縮めたものです。自分よりも美しかったり、成功していたり、才能や権力や智慧があったりして、神に近いように・思・え・る存在にあなたの力を与えると、その人との特別な関係が成立することになります。

特別な恋愛関係と同様、この関係においても相手が自分以上に自分に対して力を持っていたり、自分の幸せが相手に左右されていると感じるようになると、相手への愛は憎悪に変わります。

メキシコ系アメリカ人のポップスターのセレナは自分のファンクラブの会長に殺害されました。ジョン・レノンを銃殺したのも不満を抱いていたファンでした。

自分の配偶者を殺した、または殺したいと思っている人もたくさんいます。夫を殺すために殺し屋を雇った妻の記事を読んだことがあります。計画が失敗して逮捕された彼女は、自分の宗教では離婚が認められていないために殺し屋を雇ったと自供しました。

これが人間の姿でしょうか？　本当の愛は一体どこにあるのでしょうか？

特別な愛の陰に隠れた特別な憎悪がもっとも顕著に表れた事件のひとつは、イギリス人探検家ジェームズ・クックの殺害でしょう。

クックが乗組員とともにハワイ島のケアラケクア湾にたどり着いたとき、白人や帆船を見たことのなかった原住民はクックの一行を神だと考え、盛大にもてなしました。

乗組員たちはうまいことその勘違いに便乗しましたが、やがて原住民が彼らは神などではないと気づくと、争いが起き、クックは石を投げつけられ殺されました。自分たちの外側の存在に分不相応な力を与えることは、自分自身への裏切り行為です。原住民たちのクック一行への特別な愛は、こうして瞬く間に特別な憎悪に変わったのです。

アメリカのジャーナリストであり政治家のダン・マッキノンは述べています。

「正体を暴かれた光輪はたちまち、首吊り縄に変わる」

特別な愛を癒す

ＡＣＩＭでは、特別な関係を「神聖な関係」に変えることが正しい道だと説かれています。

神聖な関係においては、自分に足りないものがあるという見方をしないので、自分を救ったり、蔑んだりする力がパートナーに授けられることはありません。つまり、自分も相手も完全な存在と見なすのです。

あなたとパートナーは神から与えられた贈り物を一緒に発見し、喜び合い、互いやまわりの人々に届けます。

自分の幸せの源は自分自身の内にあると了解しているので、相手の振る舞いに関係なく充足感を感じることを選べます。

あなたのパートナーは満たされない望みや怒りを投影するスクリーンではなく、常に理解を深めながら見つめ合う大切な仲間です。

一緒にいる目的は互いの欠陥を埋め合わせることではなく、それぞれの完全性、すでに満たされているということを尊重し、表現することです。

神聖な関係とは、決して相手を責めたり、貶(おとし)めたり、窮屈な箱の中に閉じこめることではありません。互いから最高のものを引き出し、あなた自身の光を最大限に輝かせるための手段です。

つまり、相手から幸せをもぎ取るのではなく、お互いの喜びを拡大させようとする作業です。

あなたに必要なものを与えてくれるのは神しかいません。それはパートナーを通してに限らず、いろいろな方法であなたのもとに届きます。

あなたが分かち合う愛は、恋愛関係での愛や個人の好き嫌いよりもはるかに深いところにあります。

あなたとパートナーが手を取り合うのは、互いの空洞を埋めるためではなく、愛する人を通じて神であるあなたが神としての自分に気づくためなのです。

神聖な関係は、異なった前提からはじまる。誰もがそれぞれの内側を見つめ、そこに欠如を見なかった。自らの完成を受け入れているので、自らと同様に完全な相手とつながることで、その完全性を延長していく。彼は互いの自己にはいっさいの違いを見ない。違いとは肉体にのみ関わるものだからである。したがって、彼は相手から奪い取る必要があるものは何も見えない……彼は天国の真下に立っているが……この関係が天国の神聖さを有するからである。かように天国と似ている関係が、本当の故郷から遠く離れていることができるだろうか？（T-22.

in.3:1-9）

形を超える

神聖な関係を育む方法のひとつは、パートナーの振る舞いはこうあるべきだという思い込みを捨てると同時に、パートナーのエゴに基づく要求や期待からあなた自身を解放することです。

特定の宗教を信仰していたり、家系、仕事、信条、ライフスタイル、日常的な習慣にこだわりがあったりする人には難しいかもしれません。

相手がこれまでと違う道に進んでいこうとすると、苦痛を感じ、決まった枠からはみ出さないよう要求する人もいるでしょう。

相手に対し特定の形態に留まるよう執着することは、それが特別な関係だという明らかな証拠です。健康的で神聖な関係においては、形態への執着はありません。

私がコーチングをしているジョディは、モルモン教徒の夫と結婚してほぼ30年になります。そのあいだずっと、彼女は夫と5人の子どもたちと一緒にモルモン教の教会に通い、熱心な活動を続けてきました。

ところが数年前、ジョディはヨガや瞑想など、これまでに実践したことのないほかの思想に触れてみたくなりました。

伝統的なモルモン教では戒律から逸脱することを禁じており、これらがすべてご法度です。

そのため、彼女がこうした思想に触れてみたいという気持ちを告白するには、かなりの勇気が必要でした。

当初、妻がモルモン教以外の教えに手を出すことに賛成ではなかった夫のドンも、やがて理解を示し、彼女の探求をサポートしてくれるようになりました。

ジョディはモルモン教で決められた服装をやめ、ライフ・コーチングの講座に参加し、パラマハンサ・ヨガナンダの本を読み、祭壇を作ってヒンドゥー教の神であるガネーシャと仏陀の小像を置き、瞑想の合宿所へはじめてのひとり旅をしました。

もしドンが特別な関係に固執していれば、頭に血をのぼらせ、「妻の洗脳を解いてくれ」と教会の司祭に頼んでいたかもしれません。

しかし、ジョディに対するドンの愛は変わらず、彼女はそんな夫をますます愛するようになりました。

精神的な冒険に乗り出すジョディをドンが信頼したことで、ふたりの絆は解消されるどころかますます強くなったのです。

最後にジョディと話をしたときには、ドンと密教の性行為を実践しているとも言っていました。

ふたりは変化していく関係を信頼をもって受け入れ、恐れではなく愛の上に成り立つ結婚生活を一緒に築いているのです。

私にとって、神聖な家族の関係について大きな教訓を授けてくれたのは母でした。

スピリチュアルの道を歩みはじめた当初、イエスの教えに刺激を受けた私は新約聖書を読みふけり、車のダッシュボードにイエスの小さな写真をテープで貼りつけていました。

ユダヤ教徒の私の母は、助手席の前に貼られたイエスをあまり歓迎しませんでした。買い物に行くという母を車で迎えにいったとき、彼女は貼りつけてあったイエスの写真を見て、ふざけたように人さし指でぽんぽんと叩きながら、イエスに話しかけました。

「イエス様、昨日の夜は寒くなかったかしら？　セーターを編んでさしあげましょうか？」

私は母に気を使い（なんといっても車を買ってくれたのは母でしたので）、ダッシュボードから写真をはがしてグローブボックスにしまいました。

その次に私の車に乗ったとき、母は何も言わないものの前よりもうれしそうに見えました。イエスがグローブボックスの中でひっそりと微笑(ほほえ)んでいる——私はそう考えることにしました。

数週間後、実家へ帰ってみると、実家ではもちろん、ユダヤ教徒の家では絶対に見かけないものが目に飛びこんできました。

ダイニングテーブルの上のナプキンホルダーに、カトリック教会の聖人であるヴェロニカの小さな絵が添えられていたのです。

驚いた私は尋ねました。

「母さん、これどうしたの？」

「ガレージセールで買ったのよ」

母は何食わぬ顔で答えます。

「おまえが気に入るんじゃないかと思ってね」

私は言葉が出ませんでした。ユダヤ人であり、ユダヤ教徒の母にとって、私のためにその絵を手に入れるには、今までの信仰や価値観を超える必要があったはずです。

母が与えてくれたのは、私がかつて学んだ中で一番大きな無条件の愛のレッスンです。当時、私はヨガと瞑想を教えながら無条件の愛について語っていましたが、ダイニングテーブルの上にある絵を見て、自分の言葉が空虚なものだと気づきました。

そのたったひとつの行動で、母は本物の愛を見せてくれました。言葉ではなく、生き方で示してくれたのです。

その瞬間、母と私はもっとも神聖な関係になりました。

特別な関係の標的になると

特別な愛や憎悪の関係のもうひとつの側面は、誰かが特別な愛や憎悪を投影する際にあなたがその標的になる可能性があるということです。

相手はあなたに一目ぼれをしていたり、師として敬愛していたり、ヒーローとして憧れていたり、救世主として崇拝していたりして、ほかの人ができなくても、あなたなら自分を満たしてくれると思い込んでいます。

気を付けてください。

特別な愛の道には必ず、「特別な憎悪」という名の地雷が潜（ひそ）んでいます。エゴは他人の崇拝を浴びることに興奮しますが、つかの間の栄光のあとにはそれよりもはるかに大きな代償を払わなければいけなくなるでしょう。

というのも、あなたを崇（あが）める人はいずれあなたに不満を持つようになるからです。

あら探しをして身勝手な行動だと責めながら、最後にはあなたを十字架刑にしようとするのです。

これは私の経験でもあります。本を執筆しはじめてまもないころ、たくさんの読者から手紙をもらいました。その多くは感謝の念を超え、私を異常に崇拝するものでした。特別な関係の力学について勉強不足だった私は、そんな読者とのやりとりも大切にしていました。ところが、最後には全員から怒りの手紙が届きました。私という人物が聞いていたものとは違うというのです。私は自分のことを、彼らが思い描いていたような人物だと言った覚えはありません。彼らは私という偶像を作り上げ、本物の私がそれにあてはまらないと大騒ぎしたのです。

それからというもの、私を見て目をらんらんと輝かせる人には深入りせず、それどころか少し距離を置くようにしています。

私は彼らが探している答えではありません。彼らと同じように、より明晰な答えに向かって歩んでいるひとりの人間です。プラトンはこう言いました。

「真の友情は対等の人間のあいだにしか生まれない」

特別な愛を飛び越えて、いきなり特別な憎悪を向けるような人の標的にされる可能性もあります。心に傷を負っていたり、情緒が不安定だったりする人は、怒りをぶつける標的を探していることがあるのです。

このような場合、その人の怒りはあなたに向けられたものではありません。その人があなたに投影したものに対して怒っているのです。

あなたが自分の身を守ろうとしたり、対抗したりすると、事態はさらに悪化します。「豚とは格闘すべきでない。あなたも豚も汚れてしまうが、豚はそれを楽しむだけだ」（ジョージ・バーナード・ショー、アイルランドの文学者）

代わりに相手の攻撃を、愛を求める心の叫びととらえてください。

幸せはあなたの内にあると信頼し、自分に罪はないという立場を固く貫いてください。「私は真実だけを必要としている」（W,Lesson251）

・特別な関係を変容の手段にする・

「特別な愛の関係は、あなたを天国から遠ざけるためにエゴがよく使う手口です」（T-16. V .2:3）。この関係で天国へ行けると信じても、実際に連れて行かれるのは地獄です。私たちを天国へ連れて行くのは神聖な関係だけなのです。

関係性においてあなたが苦痛を感じているとすれば、愛に特別性が侵入している証拠です。

ただし、それは新しい選択をすることによって心を癒すことのできる絶好のチャンスでもあります。

試練とは、学び損ねたレッスンが再び提示されている状態である。つまり、過

去に誤った選択をしたところで、よりよい選択ができるということであり、そうして、過去の選択によってもたらされたすべての苦痛から抜け出せるようになる。あらゆる困難や苦悩、難局の中で、キリストはあなたにこうやさしく呼びかける。「兄弟よ、もう一度選びなおしなさい」。彼は苦痛の源をひとつでも癒されないままにせず、真実を覆い隠すイメージをひとつとして残すことはない。神が喜びの祭壇として創造したあなたからあらゆる苦悩を取り除こうとする。彼は、地獄という夢の中に慰めもないまま、あなたひとりを置き去りにすることはなく、ただ、キリストの顔をあなたから隠すすべてのものから、あなたの心を解放しようとしている。（T-31. Ⅷ.3:1-5）

ではここで、特別な関係を神聖な関係に変えるための具体的な方法を見ていきましょう。

◦◦1．特別な関係で払う代償を認識する◦◦

特別な関係ではかなりの代償を払うことになります。

大きな精神的な苦痛だけでなく、肉体的な不調やかなりの金銭的な出費が伴うことも少なくありません。

あなたはそんな苦しみを味わうわけにはいきませんね。

喜びより悲しみが勝り、得るものより失うもののほうが多いなら、今のままの関係を続けてはいけません。

うまくいっている点とそうでない点、どんなことに傷つき、どんなことに癒されていると感じているかについて、パートナーにありのままを話すことです。

苦しみを否定しても何の役にも立ちません。正直さこそが助けになります。

本音で話し合うことが、特別な関係を神聖な関係に変える最初のステップです。

2. 視点を変える

特別な関係に苦痛を感じるのは、あなたがパートナーやその対象をきちんと見ていないからです。あなたが見ているのは、相手やモノに対するあなたの解釈です。

パートナーの真の姿を見ていれば、愛と感謝しか経験しないでしょう。ところが幻想という名のヴェールによって知覚が歪められてしまうと、自分が選んだところにしか目がいかなくなります。

いやな気分になるのは、自分の判断を正当化するために相手の限られた面だけを見ているという証拠です。

神聖な関係に変えるためには、あなたが見たいと思うパートナーの姿を裏づける点に目を向けることです。

彼らの欠点ばかりに繰り返し目を向けることをやめ、素晴らしい資質に感謝し、あなたが望む関係を深めるのです。デール・カーネギーはこう忠告しています。

「相手に期待をかけよ」


私の近所にブレンダという女性が暮らしていました。私は彼女をどうしようもないアルコール依存症だと見ていました。

台所で夫と酒を飲みながら不満不平をこぼしていて、いいところなどひとつも見当たりませんでした。

しばらくすると、この夫婦の家に若い下宿人がやってきました。マークというその青年は家の雑用を手伝いながら、何年も夫婦と一緒に暮らしました。

ブレンダが亡くなったとき、マークは私に言いました。

「ブレンダほど親切な人はいません。ご夫婦はぼくを息子みたいに扱ってくれました。愛するブレンダのことは一生忘れません」

その瞬間、私はブレンダに対する自分の解釈がどれほど歪んでいたかに気づきました。

私は、考えるだけでいやな気分にさせられる彼女の一面だけを見ていたのです。

一方で、マークは自分に喜びを与えてくれるブレンダに目を向けていました。私たちのどちらも、それぞれの解釈の結果を経験したのです。

それ以来、私はブレンダを思いやりのある人だったと考えることにしました。そうすることで私の心に平安が訪れたのです。

他人の行動や選択をコントロールすることはできません。しかし、相手のどの部分に注目し、経験していくかは完全にあなたの自由です。

これがあなたの本当の力なのです。「父は私にすべての力を与える」（W,Lesson320）「見たものが体験になる」という原理を実践すると、たとえばお金のようなモノとの関係も変わるでしょう。

お金にストレスを感じているとすれば、それは正しくお金を見ていないからです。つまり、あなたはお金に対して否定的な解釈をしており、それを見ているのです。

お金は中立であり、本質的にはストレスを感じさせるようなものではまったくありません。ストレスというのは状況によるものではなく、むしろ態度に左右されるもののなのです。

「お金は諸悪の根源だ」という考えは、諸悪とその根源であるはずのお金に魅了されたエゴがでっちあげたものです。

スピリチュアルな見方をすれば、お金は愛を表す手段のひとつです。お金を受け取るあなたも、あなたからお金を受け取る人も、お金は恵みをもたらします。お金は命を育(はぐく)んでくれるからです。

諸悪の根源はお金ではなく恐れです。お金を善なるものの根源だと考えるなら、お金はあなたの友となってあなたのもとへやってきます。

そして、あなたを経由して流通しながら、世界に幸せを広げていくのです。

3．「今」に対する意識を持つ

ＡＣＩＭでは現在の瞬間を「聖なる瞬間」と呼びます。

相手と争っているとき、人は自分の立場を正当化するための手段として過去を持ち出し、利用します。争点は常に、相手が過去に何をしたかであって、今現在の相手を見てはいないのです。

過去の出来事を持ち出すことをやめれば、言い争いの種もなくなるのではないですか？　本当は新鮮で何の曇りもない今この瞬間を一緒に楽しめるのです。

パートナーはあなたの敵ではなく味方のはずです。

4．分断ではなく結びつく

ＡＣＩＭの筆記者であるヘレン・シャックマン博士によれば、ＡＣＩＭ誕生のきっかけは、同僚との諍（いさか）いをやめ、互いを支え合うようにしたことだと述べています。彼女たちと同じように行動すれば、奇跡への道が開け、傷ついた人間関係を修復することになるでしょう。

前述の映画『Oh My God』に、ユダヤ教とイスラム教のふたりの指導者が、互いの腰に腕を回してエルサレムの町を歩いている感動的なシーンがあります。このふたりの姿にはほっとさせられます。

それまでのインタビューに出てきた熱狂的な信者たちが、その信仰を融和ではなく分断にしか利用していなかっただけになおさらです。

このふたりの指導者がたどり着いたところにみながたどり着くとき、世の中ははるかに天国に近づくでしょう。


私のクライアントのマックスは、夫人のソニアと長いあいだ結婚生活を送り、そのあいだにふたりの子どもたちを育て上げました。ところがある日、彼は自分が同性愛者であることを告白し、ソニアを置いてトレバーという男性のもとへと走ってしまいました。

当然、ソニアは夫の行動にショックを受け、取り乱しました。

しかし今、この夫婦は互いに愛情を持ちながら支え合って生きています。トレバーが体調を崩したとき、ソニアが看病に駆けつけたことがあるほどです。

マックスとの結婚生活が明らかに想像とは違ったものになってしまったとはいえ、ソニアは特別な関係よりも神聖な関係が大切だと考え、実際にふたりはその関係を築き上げました。

マックスは変わらずソニアを愛し、尊敬しています。マックスが彼女のことを話すときはいつも褒めてばかりです。

子どもたちにとって、両親は不和ではなく思いやりの手本になりました。つまり、全員が恵みを手に入れることになったのです。

ＡＣＩＭには、神聖な関係は奇跡と同様、「世の中の法則を逆転させる」(T-1.I.9:2) ものだと記されています。

とりわけ一部の宗教は「妻を捨てて別の男に走った男は罰せられるべきだ」と考えます。

ところが、神の法則では「その男は愛されるべきだ」になります。神が創造した真の世界は、エゴが捏造(ねつぞう)した世の中とは真逆なのです。マックスとソニアの神聖な関係はまさしく、真実の愛の模範でしょう。

ＡＣＩＭには「**毎日が奇跡に捧げられるべきである**」（T-1.I.15:1）と記されています。神聖な関係は奇跡が起こる場なのです。

5. 聖霊に助けを求める

人間関係に問題を抱えているのは、エゴができもしない仕事をエゴに任せているからです。

特別性を糧とするエゴには、神聖な関係を創ることも持続させることもできません。「**あなたは奇跡の案内人になることはできない。なぜなら奇跡を必要としているのはほかならぬあなただからだ**」（T-14.Ⅺ.7:1）

関係に問題が生じたときと同じ考えのままでは問題は解消しません。

そんなときに必要になるのが、聖霊の手助けです。

聖霊とはあなたの心の一部であり、神聖な智識につながっています。エゴが思いつくどんな難題よりも壮大かつ賢明、明晰かつ強力な聖霊は、問題を奇跡的な方法で解決してくれます。

ただし、導きを受けるには心をオープンにしておく必要があります。自分でできなかったことを、代わりに聖霊にやってもらうために委ねる必要があるのです。「……奇跡のために頼れる手段があなたに与えられている。神の子が父に向かってほんの少しでも求めるなら、彼が必要とするもので父が満たせないものはない」（T-14. XI .7:2-3）

人間関係の問題はあなたが思っているよりもずっと簡単に解決します。全部を自分でやる必要はありません。

心から助けを求めれば、必ず救いの手が差しのべられ、何をいつ、どのようにすればいいかが明らかになるはずです。

人間関係において何が起ころうとも、あなたにはどんなときにも導いてくれる聖霊という神聖なパートナーがいるのです。

◆特別な関係の本当の姿◆

ＡＣＩＭは、私たちに特別な関係をあきらめることを求めていません。何かに魅力を感じたり、好感を抱いたりするのは、人間として当然のことです。

魂に火をつけてくれる人と結婚し、落ち着ける場所で暮らし、信じる神に祈りを捧げてください。

ひいきのスポーツチームを応援し、お気に入りのリゾート地で休暇を過ごし、大好きなデザートを食べたってかまいません。

ただ、自分の嗜好（しこう）を客観視し、心の平安が奪われないようにすることです。

「夫が時間通りにゴミを出してくれなかった」「飛行機が遅れた」「隣人が違う宗派を信仰している」――こういったことで腹が立つのは、特別性にとらわれているからです。

パートナーを束縛せず、癇癪（かんしゃく）を鎮（しず）め、隣人に寛容になれば問題を抱えることにはなりません。

仏陀の教えには「望むべからず」というものがありますが、みんなこれを誤解しています。

私たちは「望まないこと」ができません。そもそも生きるということは、望むことだからです。

何も望まないでいることを望むのは、やはり望んでいるということになります。

仏陀が説いたのは望みに執着しないということです。

現代に生きるもっとも偉大な仏教の高僧だと考えられているダライ・ラマでさえ、好きなものや楽しみがあります。

ただし、彼は好きなことをただ楽しむだけで、自らの幸せの主導権を与えたりはしません。

子どものころは望遠鏡に夢中になり、大人になってからはテレビ番組を見て笑っています。

それだけではありません。ダライ・ラマは「地球」と呼ばれるショーを見て笑っています。

ひどく深刻に思えたことを笑えるようになったとき、私たちは特別性を乗り越えて悟りへの道を進んでいるのです。**「……涙の一粒一粒は笑いと愛の中で拭（ぬぐ）い去られる」**（T-27.I.5:5）

特別な関係は、困難なものともなりますが、変容のためのもっとも格好の題材といえます。

特別な関係が神聖な関係に変わったとき、あなたはとてつもなく大きな仕事をやり遂げたことになるのです。**「地上でもっとも神聖な場所とは、古（いにしえ）の憎悪が現在の愛になった場所である」**（T-26.Ⅸ.6:1）

特別な人間関係とは、ふたりともが光り輝く完全な神として、自分たちの壮大さ、素晴らしさを一緒に発見していくという点において、本当は*すでに*神聖なのです。

ＡＣＩＭは、神聖な関係から特別性の覆いを取り払う手助けをしてくれます。

私たちはヘンリー・デイヴィッド・ソロー（アメリカの作家）が述べたように「閉じこめられている輝きを解放する」ことができるのです。

あなたを傷つけるものに対する考え方を変えれば、苦痛は必ず消え去ります。

そのためにはストレスの多い関係を平安がもたらされるような別の見方でとらえることです。

ワークブックのレッスン１６１に記される「**神聖な神の子よ、私に祝福を与えてください**」という言葉を口に出してください。

苦しみの先に祝福を発見すれば、もうあなたは自由です。特別な関係から神聖な関係への変容を前にすれば、現世でのあらゆる成功や達成の意味も薄れていきます。

そして、一瞬であろうが一生であろうが、あなたのそばを歩いてくれたすべての人が、あなたにもたらしてくれた贈り物について感謝するようになるでしょう。

どんな関係も永遠の愛へと向かう運命にあるのです。

あなた自身を愛するように兄弟を愛することは夢ではない……聖霊があなたの人間関係に与えた機能を聖霊に果たさせなさい……そうすれば、足りないものは何もないであろう……（T-18. V .5:1,6）

すべてのことに幸せな結末がくるのは確実である。（W,Lesson292）

8 絵と額縁

ヴィンセント・ヴァン・ゴッホは、歴史上もっとも評価の高い画家のひとりです。彼の作品には1億5000万ドル近い値がつくものもあり、現在すべての作品を合わせると、その価値は7億ドルにもなります。

存命中、ゴッホの絵のほとんどは価値が認められず、まとめて売られていました。買う人の目当ては作品ではなく、木製の額縁でした。火をおこすのに額縁が薪代わりになったからです。

ゴッホは絶望し、自殺してしまいました。

ＡＣＩＭでは「2枚の絵」（T-17. Ⅳ）という段落において、絵と額縁のたとえを用いて特別な関係を癒すための重要な手がかりを述べています。

1枚の絵は華やかで大きな額縁に入っており、それがあまりに目を引くため、絵そのものはほとんど気づかれません。
もう1枚の絵は控えめで上品な額縁に入っており、絵の素晴らしさが引きたてられています。

特別な関係は、エゴが使うすべての防衛の中でももっとも堂々として欺瞞（ぎまん）に満ちた額縁で縁（ふち）どられている。ここで差し出されているエゴの思考体系は、その人目を引く構造が絵のことをほとんど消し去るほどに重厚で精巧な額縁によって囲まれている。ありとあらゆる架空の断片化された愛の幻想が、犠牲と自己強化の夢とともに織り込まれ、自己破壊という金色に粉飾された糸で縫い合わされている。流される血はルビーのように輝き、涙はダイヤモンドのように切子にカットされ、その絵が差し出される薄闇の中でかすかに光る。
絵を見なさい。額縁にまどわされてはいけない……額縁は贈り物ではない。

（T-17.Ⅳ.8-T-17.Ⅳ.9から抜粋）

ＡＣＩＭは、エゴがもっとも大切にしている幻想から私たちを引き離すために、このようなドラマチックなイメージを使うことで私たちの注意を引きながら、語りかけています。

世界は絵より額縁に魅力を感じ、本質より形態に心奪われています。ラッピングに心を奪われ、中身を見落としてしまうのです。

人は、セクシーな女性に心惹かれます。大金を持った権力者に。報酬の多い仕事に。豪邸に。真っ赤なスポーツカーに。若く美しく見せるための美容整形に。チャートのトップに送り出してくれるレコーディング契約に。

これらはエゴが私たちの前に見せびらかす、キラキラと輝くおもちゃです。求めたり、手に入れたり、楽しんだりしてはならないと言っているのではありません。絵よりも額縁に惹かれるなら、世界を手にする代わりに魂を失うかもしれないと言っているのです。

映画『悪いことしましょ!』（2000年、アメリカ）には、絵と額縁のコントラストについての印象的な教訓があります。

さえない男エリオットは、魅力的な高嶺の花のアリソンに声をかけるのですが、相手にされません。

そこに悪魔が現れ、魂と引き換えに7つの願いを叶えてやると申し出るのです。エリオットはそれに同意しますが、アリソンの気を惹くための願いを口にするたび悲劇的な事態が勃発し、成功の邪魔をされるのでした。

彼が金持ちになると彼女が裏切り、繊細な男になると強引なライバルに取られ、賢くなると彼がゲイになってしまうのです。

いよいよ願いがあとひとつとなったとき、彼は天使と出会い、自分の魂は神に属するものであること、悪魔には魂など奪えないことを思い出すのです。

魂の価値に再び目覚めたエリオットは、自分の願いは真の人間関係だと気づきます。

そして最後には、宇宙は賢い方法で彼にそれを与えます。

あなたにもハッピーエンドが待っていることでしょう。

ラスベガスで名を上げることしか頭にない、ひとりの歌手がいました。

彼女には才能がありましたが、有名になることに執着するあまり、ひどい妥協をしていました。

いかがわしいコンサートに出演し、身の毛もよだつようなプロデューサーとベッドをともにし、拍手喝采を求めて際限なく世界中を駆けまわったのです。

けれど最後には名声を追い求めることをやめ、家族を持ちました。

彼女が巻き込まれていた苦悩に満ちた華やかな世界よりも、家族といるほうが心安らいだのです。

心の平安と引き換えにするほど価値のあるキャリアなどないのです。

アメリカのテレビ番組に『Who Wants to Marry a Multi-Millionaire?（億万長者と結婚するのは誰？）』というものがありました。

美しい未婚の女性たちが、金持ちの独身男性の前で、自分の魅力をアピールする番組です。

最終的に彼は候補者のひとりを選び、番組の中で結婚しました。おおいに宣伝し、視聴率は高く、ふたりの名前は世間に知れ渡りましたが、結婚はハネムーンだけで終わりました。

華やかさは申し分なかったのですが、その実体は空っぽでした。

額縁は巨大でしたが、絵はあまりにもろく、触れただけで壊れてしまったのです。

2枚の絵、ふたつの額縁があります。

一方は絵が良く見えないほど不釣り合いな大きな額縁。もう一方は絵の素晴らしさを引き立たせるシンプルで小さな額縁。

作品の美しさを引きたてるなら、額縁も役に立ちます。

作品はあなた自身であり、額縁はそれを取り巻く世界です。絵と額縁の役割を入れ替えてはなりません。

・・今は本当に幸せ・・

あらゆる瞬間に宝物があなたに差し出されています。けれどそれを受け取れるのは、しかるべき場所に目を向けたときだけです。

額縁から絵に焦点を移したとき、素晴らしいものが見つかるのです。「私の宝庫は宝物で満たされており、それらがひとつも失われず、ただ増すばかりであるように、天使が開かれた扉を見張っている」(W-316.1:4)

聖なる瞬間……それもまた額縁にはめこまれた絵である。だがもしこの贈り物を受け入れるなら、あなたは額縁などまったく見ないだろう。なぜなら、その贈り物は、すべての注意を絵に集中させようとするあなたの意欲を通してのみ、受け入れられるからである。(T-17.Ⅳ.11:1-3)

アメリカの大手スピリチュアル系出版社のオーナーであるルイーズ・ヘイは、金色のロールスロイスで私をランチに連れていってくれました。

素晴らしい車でした。車の内装には優雅な木製の装飾が施されています。切り倒したその木は自動車会社が保管しており、装飾の交換が必要になっても、元の状態とまったく同じものと交換できるのです。

細部にまで及ぶ完璧な配慮に、私の中のある部分は感動していました。けれど同時に、別の部分は、地球のためには木を森に残し、鳥たちの巣にしたほうがいいのではないかとも感じていました。

私が最後にルイーズに会ったときには、彼女はロールスロイスからプリウスに乗り換えていました。

トム・シャドヤックはハリウッドの大物映画監督で、『エース・ベンチュラ』(1994年、アメリカ)、『ナッティ・プロフェッサー』(1996年、同)、『ブルース・オールマイティ』(2003年、同)などの大ヒットで有名になりました。

何億円もする巨大な邸宅に住み、贅沢な暮らしを満喫していました。

すべてが一変したのは、自転車事故で頭を怪我し、危うく障害を負いそうになったときです。

トムは人生の優先順位について考え直し、物質的豊かさよりも幸せを重視しようと決めました。

彼は感動的なドキュメンタリーである『I AM／アイ・アム～世界を変える力～』（2010年、同）を製作し、次に額縁より絵を称賛する『happy――しあわせを探すあなたへ』（2012年、同）を世に出しました。

『I AM／アイ・アム～世界を変える力～』の最後では、彼が豪邸を売り払い、トレーラーハウスから姿を現し、スタジオまで自転車で向かう姿が描かれています。

今、彼は成功しており、かつ幸せに暮らしています。

ACIMは、額縁を捨てろと言っているのではありません。

額縁にも目的があります。本来の目的である絵を際立たせるために使うよう求めているのです。

肉体を強く健康に保ち、気分よく過ごすのは、肉体そのもののためではなく自分と自分が触れるすべてのものを高めるような行動をするためです。

車を楽しむのはいいけれど、崇拝してはなりません。愛や思いやりの表現としてセックスすること。あなたをしもべにする家ではなく、あなたを幸せにする家に住むこと。人やモノとの関係とコミュニケーションとは、すべてこういうものなのです。

物質はあなたのために存在するのであり、あなたが物質のために存在するのではありません。

所有するものすべてを魂のために使えば、あとの細かいあれこれは神が面倒を見てくれます。

自分を否定することに夢中になる

視点を変えてみると、肉体やモノに溺れるのは、それらを否定することにほかなりません。

肉体やモノ自体が悪いわけではないので、罰したり貶めたりする必要はありません。それらと闘ったり、表面的な形態を嫌うことは、裏を返せばそれらを信仰しているのと同じです。

自分の肉体を否定することに時間を費やせば、肉体に耽溺しているときと同じくらいたくさんの注目を肉体に与えていることになってしまいます。

肉体的であれ感情的であれ、自分に鞭打つ人は、過食する人と同じくらい額縁に心を奪われ、夢中になっているのです。

どちらの場合も、注目の対象は絵ではなく、額縁です。一方の額縁はほかのことを顧みずに耽る感覚に、もう一方は一生懸命やってもなぜか奪われていく感覚に満ちています。どちらにせよ、すべて額縁の話です。

仏陀は、豪華な城で暮らす王子ゴータマだったころ、自己耽溺の道を歩いていました。その後彼は身分を捨てて苦行者となり、断食や禁欲生活をしながら何年も過ごします。

とうとうある女性がゴータマに情けをかけ、一杯の乳がゆを与えます。それを受け入れたとき、彼は悟りを開いた仏陀となったのです。

彼は「中道」を発見しました。そして肉体に関心を向けるのをやめ、魂に没入したのです。

肉体と闘えば、それを美化するだけです。「**自分自身と闘ってはならない**」(T-30.I.1:7)

肉体的であれ感情的であれ自分を責めることは、世界から愛を奪います。自分自身に敬意を抱いて丁重にやさしく扱えば、人類に光をもっともたらすことになるでしょう。

どんな振る舞いについても、尋ねる価値のある質問はただひとつです。「これは世界に喜びをもたらすのか、それとも減じてしまうのか」ということだけを考えましょう。

ここに人生のあらゆる選択において、もっとも簡単で効果的な指針があります。

肉体は、神の子が正気に戻る手段である。神の子を逃げられない地獄に囲うために肉体は作られたが、すでに天国というゴールが、地獄での探求に取って替わられている。神の子は兄弟に手を差しのべ、兄弟がともに道を歩いていくよう手助けをする。そのとき、肉体は神聖である。心を葬り去るために作られた肉体が、今では心を癒すのに役立っている。（W-p II .5.4:1-5）

●●心豊かな生活●●

ジョン・ロビンスは、サーティーワンアイスクリームの経営母体であるバスキン・ロビンス社の後継者でした。

彼はやがて財産を受け継ぎ、一生遊んで暮らせる立場にありましたが、若いころに酪農業が人間の健康や地球に与える影響について調べ、乳製品は益よりも害が大きいという結論に達します。

彼は後継者の立場を捨て、菜食主義者になり、ピューリッツァー賞にノミネートされた画期的な書物『Diet for a New America（新しいアメリカのための食べ物）』を著しました。

ある日ジョンと妻のデオは、テレビ番組『Lifestyles of the Rich and Famous（億万長者と有名人のライフスタイル）』のプロデューサーから電話を受け、自宅でのインタビューを依頼されます。

ロビンス家が選択した今の生活を伝えれば、斬新なインタビューになるとプロデューサーは考えたのです。

カリフォルニアのサンタ・クルーズに近い、丘の上のロビンスの質素な家を訪れたスタッフは、そこで家庭料理を振る舞われ、心のこもったもてなしを受けました。

その居心地のよさは帰りたくなくなるほどでした。

豪邸や財産を中心に展開する通常のインタビューとは対照的に、さわやかな家族には偽りがありませんでした。

ジョンは、そのうち新番組『Lifestyles of the Rich in Spirit（心豊かな人のライフスタイル）』ができるだろうと冗談を言ったほどです。

私のクライアントに、アメリカでも有数の大富豪の娘がいます。彼女は家族の集まりに顔を出すのが大嫌いです。親戚はみな、自分たちの金で何をしているか自慢するだけだからです。

彼らは一族を取締役会のように考えており、身内でマリファナを吸っている若者が見つかったとき、見逃すべきかどうか投票で決めるために集まったこともありました。結果がどうなったかは知りませんが、その若者はどこかでまだ吸っていることでしょう。

友人のレイモンドも大金持ちです。彼はその金を好んで企業再生に使っています。彼いわく、「私は金を流す水路なのさ」

レイモンドは、妻が営むＡＣＩＭ関連商品の通信販売業に資金を提供しています。彼らのお金は有効に使われています。

お金そのものは額縁であり、絵ではありません。お金という額縁は、なんて素晴らしい絵を縁どっていることでしょうか。

∴大切なものは何か∴

「corporation（企業）」という言葉は「body（肉体）」を意味します。つまり、企業というのは、単に巨大な肉体というわけです。

肉体の働くメカニズムを子細に理解したいなら、企業を観察すればいいのです。個人同様、企業は奉仕という絵を額縁に入れることもできれば、企業自体を大きくすることをゴールにすることもできます。

多くの企業が、世界を改善しようというポジティブな意図のもとスタートしますが、その後、金や権力やエゴに翻弄されるようになり、創立時に目的としていたことから離れていってしまいます。

そして額縁が絵に取って替わり、ビジョンは自己陶酔に、顧客の生活の向上は自己満足に取って替わられます。

企業の活力が衰えると、そこで働く人々は仕事をいやがり、サービスは失われ、経営を維持できなくなります。
真実は企業を育て、幻想はそれを殺すのです。「神から離れて生きられるものはいない」（W-156.2:9）

カルカッタのマザー・テレサは、貧しく死に瀕（ひん）した人々に心をこめて奉仕したことで、国際的に認められるようになりました。

絶望的な状況でも、彼女は、肉体が衰えていく人たちの中にある内なる光を尊重しました。

彼女がノーベル賞を受賞し、大量の寄付が寄せられるようになると、スタッフは資金を運用する団体を作りました。しばらくすると幹部が多くなり、管理職は仕事に関連する金や権力にばかり気をとられるようになりました。

そしてマザー・テレサのひと声で、組織は解散しました。彼女は額縁ではなく、絵に目を向け続けようとしたのです。

宇宙は霊（スピリット）を源とするものを繁栄させ、エゴ由来のものは崩壊するようにできています。

エゴは少しのあいだは機能しますが、最終的に行き詰まるのです。ヒトラーの権力が短期間だけだったように、悪は長くは続きません。

あなたの試みが必要不可欠な価値に基づいたもので、躍動するような生命力があるなら、それは成功するでしょう。

数十年前、アメリカの東海岸に拠点を持つ新しい航空会社が、驚異的なスピードで成長しました。数年のあいだにニュージャージー州のニューアーク空港をほぼ独占し、世界中の都市へと路線を拡大しました。

客室乗務員は「みなさんが乗っているのは、全米史上最速の成長を遂げた航空会社の飛行機です」と乗客に自慢しました。

けれど数年後、その会社は倒産しました。

しっかりした経営基盤を築かないまま、多くの事業に手を出しすぎたのです。

サービスより拡張を、信頼より知名度を重要視した結果でした。

スティーブ・ジョブズはがんと診断されたのち、スタンフォード大学の卒業式でスピーチを行いました。

「死は、神の偉大な発明です」と彼は言いました。この謎めいた発言の背後には、大きな意味がありました。

ＡＣＩＭでは繰り返し、死は実在しないと説いています。あるのは生だけです。

死が存在するのは、形や外見という表面的なレベルに限ります。

死は、役目を果たしたものを立ち去らせ、次のものに道を譲るための宇宙のやり方です。使命を終えた肉体は、そっと**「脇に置かれます」**（W-294.1:7）

死は、肉体は必ず滅びるという運命に私たちを直面させ、私たちが本当は何者で何のためにここにいるか、より深く問いかけてくるのです。

「私は絵なのか、額縁なのか？　肉体なのか、霊（スピリット）なのか？」

ＡＣＩＭの多くのレッスンは、この質問に痛烈に答えています。**「私は肉体ではない。私は自由である。なぜなら、私は今も神が創られたままの私であるから」**（W,Lesson201）。**「死は存在しない。神の子は自由である」**（W,Lesson163）

ジョブズは死が近づいたとき、こう言いました。

「自分はもうすぐ死ぬのだと心に留めておくことは、人生で重大な選択をする際私を助けてくれた、もっとも重要なツールだ。周囲の期待、プライド、恥をかくことや失敗への恐れなど、ほとんどすべてのものは死を前にするとなくなり、真に大切なものだけが残る。自分がやがて死ぬことを忘れずにいるのは、何かを失うことを恐れるという思考の罠を避けるための、私が知り得る最良の方法だ。あなたはすでに丸裸なのだ。ただ自分の心の導くままに従えばいい」

私たちが人生の目的について考え、魂の目的を始動させるのに、死の扉の前に立つ必要はありません。私たちはただ、日々の生活を送りながら、自分にとって何が重要かを覚えておけばいいのです。

映画『アバウト・タイム～愛おしい時間について～』（２０１３年、アメリカ）は、過去に戻って自分の運命を決定づけた事件を変える力を得た、ひとりの男性の遍歴を描いています。

運命が好転すると信じていくつか過去を変えたあと、結局彼はすべてを元通りにすることを決意します。

「すべてのことをあるがままにしておく」（W.Lesson268）のです。

監督のリチャード・カーティスは、映画についてこう語っていました。

「映画のクライマックスが、主人公がごく普通の生活を精いっぱい生きることを選択するというものだったら、素晴らしいと思ったのです」

そのような選択が毎日を特別なものにするのです。

壁に何も入っていない額縁だけを掛けて、あたかもそこに傑作があるかのように深い畏敬（いけい）の念を抱いてその前に立つ人など一体いるだろう？　しかし、あなたが兄弟を肉体として見るなら、あなたがしているのはこれと同じことだ。見るべきものは、この額縁に神が収めた傑作だけだ……だが神が創ったものに額縁は必要ない……神は自分が創った傑作を、あなたに差し出してくれる。（T-25.Ⅱ.5:1-6）

column 4

ＡＣＩＭはキリスト教の教えですか？

キリスト、聖霊、十字架刑、復活、救済、贖罪といった言葉が数多く使われていることからしても、ＡＣＩＭは確かにキリスト教の教えに見えるかもしれません。しかもイエス・キリストの声で語られているとあるのですから、ますますキリスト教と関連が深そうです。

しかし、ＡＣＩＭに記された教えは、キリスト教を含むあらゆる宗教の教えをはるかに超えています。つまり、ＡＣＩＭはすべての宗教に属する半面、どの宗教にも属さないといえます。

学習を進めてみると、その原理は私たちが知っているキリスト教の教えよりも、アドヴァイタ・ヴェーダーンタや仏教の教えに似ていることがわかります。

「非二元性（ノンデュアリティ）」を意味する「アドヴァイタ」では命の一体性が説かれ、

神がばらばらにされることはありません。アドヴァイタ・ヴェーダーンタの現代の第一人者といえば、１８７９年に誕生して１９５０年に死去した聖者のラマナ・マハルシでしょう。

ラマナ・マハルシとＡＣＩＭの教えは驚くほどよく似ています。

> 実在は常にあるがままである。
> 実在しないものを実在すると見なすことをやめることだけが求められている。
> 世界は眠りの中には存在しておらず、それはあなたが起きている状態のときの心の投影である。したがって、世界とは単なる解釈であり、それ以外の何ものでもない。
> あなたの本質とは無限の霊（スピリット）である。

誰が唱えたものであれ、真実は真実です。これまでに、悟りを開いたたくさんの人々が心を解放するための道を示してきました。

ＡＣＩＭにはキリスト教のもっとも素晴らしい教えのほか、こうした宗教の預言者、ヒーラー、聖者、さらには宗教の枠を超えたところから明確に目覚めを説いた人々の教えが記されています。

ACIMは、「キリスト意識」そのものの表れです。それは、イエスと呼ばれた人間を通じてこの世に明らかに示され、古くから贖罪を受け入れてきた大勢の人々を通じて、表されています。

ACIMをもたらした声の主としてのイエスが、キリスト教以外の言葉を使う理由があるでしょうか?

ACIMはキリスト教の文化圏で生まれました。そのため、イエスは人々になじみのある言葉で語ることにしたのです。

古代ヘブライの教えではこう説かれています。「聖書は人々の言葉で記されている」。つまり、神は私たちが理解できる言葉で語りかけるということです。

しかし、ACIMでキリスト教の用語を使っていることには、もっと深遠な目的があります。ACIMは、現在のキリスト教の改訂版としての役割を果たしているのです。イエスがもともと伝えたのは純粋な癒しの教えでした。

しかし、彼の名のもとで育まれたキリスト教には、恐れ、罪、罰の脅威、大量殺戮といった概念が紛れこんでしまっています。キリストの名にかけて行われた残虐行為は数えきれません。地獄に対する恐怖で罪のない魂が震え上がり、犠牲を命じる声が情熱や喜びをそいでいます。

イエスがＡＣＩＭを口述したのは、キリスト教を本来の目的である癒しの道に軌道修正するためです。ＡＣＩＭは、イエスが伝えにきた真の教えに立ち返るための方法なのです。

イエス・キリストとは、その名のもとで発展した宗教や、イエスがこの世にいたときから私たちに語りかけている現在までの長い年月を超越して生きている存在であり、その声が向けられているのは、イエスのメッセージを受け取り、それを生きたいと考えるすべての人に対してです。

キリスト教徒だけでなく、ほかの宗教に属している人であれ、無宗教の人であれ、誰でもイエスの言葉を学び、実践できます。信仰を再確認し、より深めるための教えとして、多くのキリスト教徒がＡＣＩＭを学んでいます。

逆に、ＡＣＩＭを悪魔の所業として拒絶するキリスト教徒もいます。自分の信念体系の枠にはまらないので、ＡＣＩＭによって、脅かされているように感じるのです。

こういった危機感を抱き、防御的な態度をとるのは、すべて恐れが原因です。まさにその恐れこそがＡＣＩＭを学ぶことで解消されるようになります。

イエス・キリストの声で語られているという点では、ＡＣＩＭはキリスト教の教えと言えます。その一方で、キリスト教の枠に収まるものでもありません。

誰がどんな信仰を抱こうとも、ＡＣＩＭはすべての人々に内在する神を認識し、祝福し、その声を代弁しているのです。

9 最後の無益な旅

私の町には、文字通り十字架を背負うことにした、愛すべき風変わりな男が暮らしています。ジョンという名のこの人物は数年前に小さな木製の十字架を作り、それをかついで毎日のようにハイウェイ沿いの道を歩いています。

以前は片方の肩に十字架をかつぎ、あいているほうの手で脇を通り過ぎていく車に手を振ったり、投げキッスをしたりしていました。

ジョンのことを知っている地元住民の多くは、投げキッスを返し、挨拶代わりにクラクションを鳴らしたものです。

昨年、ジョンは苦行のレベルをさらに上げ、前よりもはるかに大きなプラスチック製の十字架を作りました。

その結果、彼の両手は十字架を支えるのに精いっぱいで、手を振ったり投げキッスをしたりできなくなってしまいました。

これには私もがっかりでした。愛を振りまいているジョンのほうが好きでしたし、彼自身もずっと楽しんでいるように見えたからです。

背負った十字架に両腕を占領されてしまうと、手があいていたときには分かち合えた愛が分かち合えなくなってしまいます。

自分に苦しみを課したところで、世の中のためにはなりません。愛する力は強まるどころか、弱まってしまうのです。

犠牲のあとの生命（いのち）

多くの宗教や信念体系において、苦痛は避けられない現実として受け入れられ、賛美されることすらあります。

キリスト教徒は「荒削りの十字架を背負う」という被虐的な歌に酔いしれますし、

ヒンドゥー教徒は「カルマを清算するもの」として貧困や病気を正当化します。「電球を交換するためには、ユダヤ教徒が何人必要か」という質問には、「交換は必要ない。暗闇の中でじっとしていればよいのだから」という答えが返ってきます。

奇妙にねじ曲げられた理由によって人々は虐げられ、苦しみという名の鎧を着ているのです。

ACIMは苦痛に何の目的も見いだしません。苦しみに美徳は存在せず、困難と引き換えに自由が手に入ることはないという考え方です。

強調されているのは、いばらの道は神が創ったものではなく、完全に本人の選択の結果だということです。

どんな理由にせよ、自分や人を苦しめるのは、気の滅入る私たちの作り話であり、どれも不要なものなのです。

私はしばしば、キリスト教のシンボルになぜ十字架が選ばれたのかについて考えることがあります。

33歳まで生きたと言われるイエス・キリストは、この世にいた最後の3年間、公の場で人々に教えを授け、手を差しのべ、癒しました。奇跡を起こして魂を救い、人々の人生を大きく変えました。

彼が放った光は2000年経った今も輝いており、その光に触れる人々の心に元気を取り戻し続けています。

最終的に、イエスは十字架に磔（はりつけ）にされて日が沈む前に息を引き取りました。イエスは人々を癒し、大いなる力で恵みをもたらしたにもかかわらず、彼を死に追いやった方法で追悼されているのです。友人がこう言ったことがあります。

「イエス・キリストが現代に生きて同じような運命をたどったとしたら、この先の2000年は、みんな小さな電気椅子がついたチェーンを首にぶらさげるだろうな」

友人の話は少々不謹慎かもしれません。しかし、人々を癒した人間の教えに基づく宗教に、苦痛という概念に対する崇拝が紛れこんでいる点は、やはり不適切であり、考えさせられてしまいます。

生き生きと輝いた顔と抱擁のために広げられた両手がイエスを象徴するイメージで

あったなら、彼はなんて素晴らしい手本を示してくれたことでしょう。

死ではなく、健康や生命という視点からイエスを見たほうが、より勇気づけられるのではないでしょうか。

そうなれば、私たちは自分自身の十字架を捨て去り、イエスが断言した目的と、私たち全員に対して望んでいることを叶えるために前へ進めるはずです。「私が来たのは、羊（あなた）が生命を得、それを豊かに得るためである」（ヨハネによる福音書10：10）

●自分の代わりは誰にもできない●

現代人としてこの世に戻ってきたイエスの日常を描いた映画を観ました。ところが、癒しを行うシーンになると、イエスは体に走る痛みに顔をしかめます。

この映画のメッセージはヒーラーにとって癒しは負担であり、苦痛が引き起こされる、というものでした。

まるで見当違いです。映画のプロデューサーは明らかに癒しの本当のプロセスについて理解していません。

実際、この描写は真実と真逆です。患者を癒す際にイエスが苦しんだことはありません。

それどころか、患者と一緒に癒されたのです。「(奇跡は) **与える者にも受け取る者にも、その両方により多くの愛をもたらす**」(T-1.I.9:3)

神学用語では、他人の痛みを自分が引き受けて取り去ることを「代理贖罪」と言います。

ただし、この概念は人間の思いこみであり、神の真理ではありません。誰かを喜ばせた分だけ自分が悲しくなることも、金持ちにした分だけ自分が貧乏になることも、元気にした分だけ自分の具合が悪くなることもありません。

自分が代わりに苦しむことで、人に平安を差し出すことはできないのです。

自分が喜びから生きることのほうが人の助けになるでしょう。

代理贖罪よりずっと真実に近い癒しの方法は「代理啓発」という考えでしょう。

ただしその考えにも、もとより限界があります。

というのも、自分のために自分にしかできないことを他人が代わるわけにはいかないからです。

とはいえ、自分が苦しむのではなく幸せになることが他人を救うという考え方（代理啓発）は、誰かが失えば誰かが得るという考え方より、はるかに実用的な癒しをもたらす方法でしょう。

本当は、誰かが失えば私たち全員が失い、誰かが得れば私たち全員が得るのです。

「私が癒されるとき、私ひとりが癒されるのではない」（W,Lesson137）

したがって、人類にもっとも大きく貢献できるのは、あなたが幸せでいることです。苦しみという古くからの不毛な物語にはもう飽き飽きです。そろそろ卒業しなければなりません。

真のヒーラーは、患者と一緒に苦しむことも患者に代わって苦しむこともありません。そうではなく、彼らは自分がいる高みへと患者を引っ張り上げるのです。火のついたろうそくで火のついていないろうそくの芯に触れると、元のろうそくの火は消えるどころか明るく燃え上がります。

自分たちが生み出した子どもによって親が無力にさせられることはありません。輝きを放つことで光が小さくなることもありません。

あなたの幸せが他人の幸せを奪うこともなければ、あなたの悲しみが他人に喜びをもたらすこともないのです。

分離の先にひとつであることは見られません。完全性だけがそこへ導くのです。

●イエスが語る十字架刑●

ACIMの中で、イエスは新約聖書に記録されている彼の体験に数多く触れ、これまでのように感傷的な解釈を改めるよう説いています。

たとえば、十字架刑については次のように記されています。

十字架への旅は最後の「無益な旅」となるべきである。そこにこだわらず、すでに達成されたものとして却下しなさい。あなた自身の最後の無益な旅として、それを受け入れることができれば、あなたは自由に私の復活に加わることができる。そうするまで、あなたの人生はまったくの無駄となる。あなたの人生とは分離や力の喪失、エゴによる不毛な償いの試み、そして最終的には肉体の十字架刑、つまり死を再現するだけである。すすんで放棄されない限り、これは永遠に繰り返される。「荒削りの十字架にしがみつく」といった哀れな過ちを犯してはならない。十字架刑が唯一伝えるもの、それはあなたが十字架を克服できるということである。そのときまで、あなたは自分の意志で何度でも自分を十字架刑にすることを選べる。それは私が差し出そうとした福音ではない。私たちには足を踏み出すべき別の旅がある……（T-4.in.3）

イエスが私たちに、彼とともに十字架に向かうよう求めたことはありません。そして、彼は私たちの罪のために死んでもいません。キリストが不滅であり、私たちに罪がない以上、従来のこうした解釈は誤っているのです。

むしろイエスは私たちの純粋無垢さを証明するために生きています。彼は生まれながらの神性を認識した人間の模範であり、私たちにも彼と同じ神聖さが備わっています。

イエスが私たちに求めるのは彼の十字架刑を見習うことではなく、彼の復活を讃えることです。

復活を得るために十字架刑を経験する必要はありません。もっと楽に天国へと至る道があります。

愛は救うために殺したりしない。（T-13.in.3.3）

・・病気の利用法・・

肉体的な病において、痛みはもっとも目につきやすく、人生において避けられない現実だと私たちは教えられてきました。

「年をとれば病気になって、そして死ぬ」ということを、私たちはまず口伝えに、それから想像で、そして実際に目にしながら学んでいきます。「人生において、死と税金は免れようがない」というわけです。

ACIMはこれに賛同せず、病も癒しも私たちが選択した結果だと教えています。病気には何の価値もないことに気づいてそれに投資することをやめれば、病気は消え去るのです。

あなたはこう思うかもしれません。

「病気が強制的なものでないとすれば、なぜそれを選択するというのか？」

「見返りがあると知覚しているから」というのが、その答えです。私たちは自分に益をもたらすと信じている振る舞いをするのです。

病気や肉体的な不調を利用して見返りを手に入れる例を見ていきましょう。

・・1．学校や仕事を休んだり、やりたくないことをしない言い訳にする・・

小学生のころ、あなたは学校へ行きたくないとき仮病を使いました。それほど厳しい親でなければ、行きたくないと言うだけで休めたかもしれません。

翌日、親が書いた手紙を担任の先生に渡します。「昨日は熱があったため欠席させました。申し訳ありません」

先生はうなずくと、罰を与えるでもなくあなたを席へ着かせます。あなたは病気が自分を救ってくれたことを知るのです。

もしも手紙に、「昨日、うちの子はつまらない学校に行くよりも家にいたいと言いましたので欠席させました。申し訳ありません」と書かれていたら、あなたはとんでもない窮地に陥っていたでしょう。

こうしてあなたは本当のことを話すよりも、病気になったり、病気になったふりをしたりするほうが手っ取り早いことを学習しました。

この考え方は無意識のうちにいつしかしっかりと確立され、病気が言い訳を成立させる力を持つようになったのです。

このプロセスは大人になってからも繰り返されます。たとえば、飛行機の予約をキャンセルしなければいけないものの、病気だったことを証明する医師の診断書がないと支払った料金が返ってこない場合です。

言うなれば、診断書はモノポリーゲームにおける「刑務所から釈放」のカードと言えるでしょう。

ただし、代償を支払わずに自由が手に入るわけではありません。

カードを有効にし続けるためには、あなたは痛みに耐えなくてはなりません。その価値があるでしょうか？

●2．注意を引き、同情を買う●

子どものころに具合が悪くなると、母親は仕事を休んであなたを看病してくれました。食事はちゃんとベッドまで運ばれてきます。昼間からテレビを見ても叱られません。デザートのアイスクリームにまでありつけます。

大人の病気は違った意味で注意を引きますが、構図はまったく同じです。

●3．金銭を手に入れる●

怪我をすると保険会社がお金を支払ってくれます。保険契約書に署名をする前から、はっきりとそう書いてあります。

現在の相場では、片腕を失うと12万4800ドル、体の20パーセントを火傷した場合には10万ドル、生殖器が使えなくなった場合には5万ドルが契約者の銀行口座に振り込まれます（どう考えても割に合いませんが）。

障害を負った人が金銭的な支援を受けるべきではないと言っているのではありません。金銭的代償を得たことで、健康を失った状態が悪くないように思えてしまうと言っているのです。

健康が損なわれた状態に対して金銭が支払われると、悲劇的な結末を招くことがあります。ある時点で、不健康に対する見返りが幸福に対する見返りを上回りはじめてしまうからです。

障害を負ったことを国の機関や保険会社に証明するとき、あなたは自分自身にもそれを証明しています。

他人に何かを主張する際は心しておかなければなりません。あなたが経験することは、あなたの口にしたことを裏づけることになるからです。

被害に遭ったことを証明できれば、その相手からお金を取れます。少なくともそう要求できるでしょう。

現在の法制度の大半は、被害に対する金銭的な賠償で成り立っています。こうした社会では、被害者になることで思いがけず大金が手に入ることもあります。

しかし、ＡＣＩＭの考えはこうです。「私は、私が見ている世界の被害者ではない」(W,Lesson31)

私たち一人ひとりが自分の経験に責任を負っていたら、今のように裁判ばかりの世の中にはならないでしょう。

ペルーを訪れたとき、腕のねじれた子どもが私たちのツアーグループに近づいてきて、施しを請いました。

私たちは喜んでそれに応じましたが、そのあとでツアーの担当者から聞かされました。

発展途上国では物乞いの身入りがよくなるように、自分の子どもの体にわざと障害を負わせる親がいるというのです。

●4. 復讐をする、または他人に罪をなすりつけて自分を「正当化」する●

ＡＣＩＭは「あなたは、正しくあることと幸せであることのどちらを好むのか」(T-29. Ⅶ.1:9) と私たちに問います。

エゴは他人を悪者にすることで自らの立場を正当化します。

しかし、それをしたところで、得るものは何もないどころか、すべてを失ってしまいます。

ある男性のドキュメンタリーを見ました。

この男性は住宅ローン会社から、毎月の支払いを過剰請求されていると信じていました。

長いあいだokさんざん争った挙句、彼は「自分の財産を奪おうとする人間は殺す」という脅迫状をローン会社に送りつけました。

ローン会社が警察にその脅迫状を提出すると男性は逮捕され、裁判を経て刑務所へと送られました。

ところが、それでも彼は復讐をやめようとしません。電話で妻と話すときも、ローン会社を打ち負かす新しい戦略について語ります。とうとう彼女はわっと泣きだして男性に言いました。

「いつまでこの戦いを続けるつもりなの？　私はあなたに帰ってきてほしいだけなのに」

まがりなりにも、彼女が訴えているのは神が私たちに言っていることと同じなのです。「過ちを正当化するのをただやめて、家に帰ってきませんか？」

∴意識の切り替え∴

病いではなく健康に関心が向けられるようになると、そこからは癒しが発信されます。何が起こっても幸せでいられる人が、あなたのまわりにいるかもしれません。自分の振る舞いで状況を乗り越えていく人たちです。

映画評論家がある映画の登場人物を「ひとつのトラブルも望まないためにトラブルを知らない男」と表現していたことがありました。

私の友人のジェニファーもそんなひとりです。

妻であり、5人の子どもの母親であり、キャリアウーマンであり、求道者でもある彼女は、いつも心の平安を選択します。

そのため彼女のエネルギーは無限です。片手で1歳になる娘を抱きかかえながら、もう片方の手で私にマッサージをしてくれたほどです。

とある会議でジェニファーに会いました。ホールで一緒にプログラムがはじまるのを待っていると、彼女は自分が執筆した育児書の原稿を見せてくれました。

時間があるときにざっと読んでほしいと言います。「大事に扱ってね」

ジェニファーはつけ加えました。

「コピーはとってないし、この世に1枚しかない写真がたくさん入ってるの」

その日、しばらく経ってからもう一度彼女に会いました。

本に目を通したかどうか尋ねられた私は、そこではたと気づきました。本を会議場に置いてきてしまったのです。

私はうろたえながらジェニファーに事の次第を伝えました。もちろん、彼女が怒るのは覚悟のうえです。

ところが、ジェニファーはただ肩をすくめてこう言いました。「きっとあの本は出版されない運命だったんだわ」

私は呆然としました。たいていの人がかんかんに怒ってしまうであろう状況を前に、彼女は喜んで心の平安を選択したのです。

私たちは会議場に戻り、係員に本が届いていないかどうか尋ねました。そして、幸運にも本は見つかりました。

この出来事の目的はきっと、心の平安こそが私たちが選ぶ道だということを私に教えることだったのでしょう。

離婚闘争に突入することなく、破綻した結婚生活に終止符を打った人たちがいます。自分の言い分を主張するために相手を訴えることを拒否した人たちです。

高収入ながらも企業での過酷な労働を辞めた人たちもいます。自家用ヨットにお金をつぎこむよりも、生き生きとした魂のほうがもっと大切だと考えた人たちです。

さらには、ウィリアムという若者の話もあります。数年前、セミナーにやってきた彼は、17歳のときにがんと診断された話をしました。

「抗がん剤治療を受けることになっていたある日、その夜、自分の住む町でグレイトフル・デッド（※5）のコンサートがあることを知ったんだ。ぼくは治療を休んでコンサートへ行くことにした。どうしても楽しみたかったからさ。それからしばらくして医者に言われたんだ。がんが消えてるって」

肉体は心と感情が表現されたものです。

文字通りにも、形而上学的にも、肉体は固体ではなく流動体です。不完全な状態も長くは続きません。

あなたはいつでも考え方を変えることができますし、それによって状況も変わります。

肉体が思考を引き起こすのではなく、肉体は思考の結果なのです。

・・思いやりが勝利する・・

「高みにある心」はあらゆる苦痛や困難を思いやりや慈悲を求める呼びかけと見なします。

以前、ハワイアンの兄弟ミュージシャンであるブラザーズ・カジメロのコンサートに行ったことがあります。才能ある彼らは多くの人々から愛されています。ところがその日、弟のローランドが早々に体調を崩し、ステージを去らなければいけなくなりました。1000人もの観客を目の前に、兄のロバートはひとり取り残された格好です。

ローランドがいなくては予定していた2時間のレパートリーを披露することはできません。残された道は即興しかありませんでした。

一瞬、会場には失望感が広がりました。チケット代も払ったというのに、楽しみにしていたコンサートにはなりそうもありません。聴きたかったのはロバートとローランドのふたりの演奏なのです。

ところが、観客は文句を言う代わりに、こぞって兄弟にエールを送りはじめました。

「頑張って、ローランド!」

退場するローランドにみんなが声をかけます。どうにかコンサートを進めようとするロバートにも喝采が送られました。

途中、彼は何度かコードを間違えました。ひとりの男性フラダンサーの衣裳が脱げそうになり、ほかのダンサーたちがアドリブでダンスを披露する場面もありました。

しかし、誰もそんなことは気にしません。みな、これが緊急事態だとわかっていましたし、この状況を最善のものにするためにすべての観客が力をひとつにしたのです。

終わりに近づくころ、コンサートは予期していたものとはまったく違ったものとなっていました。

とはいえ会場には歓声があふれ、フィナーレのあとにはロバートに向けてスタンディングオベーションが起こりました。心の中でローランドの快復を祈った人もたくさんいたでしょう。

高みにある心は手に余る事態を、愛を求める呼びかけとしてとらえ、状況を一変させました。

その結果、普通にコンサートを聴くよりもはるかに有意義な時間が生まれたのです。

・・テロリズムの撲滅・・

謙虚は美徳です。しかし、卑下は美徳ではありません。

謙虚になるということは、欲を追い求めるエゴの手先となるのではなく、神があなたを通じて、この世界により素晴らしい生き方をもたらせるようにすることです。

「私は一歩後ろへ下がり、神に導いてもらう」（W,Lesson155）

神はあなたの幸福を守るだけでなく、もっと幸福になれるようあらゆる手を尽くしています。幸福でも安心でもない状態は、神の意思を勘違いした結果です。

世界はテロリズムで頭がいっぱいです。政府がテロリストとの戦いに大金を費やしているというのに、愛する息子や娘が棺桶に納められて帰宅します。何百万人もの善良な人たちが、飛行機に乗るため空港で服を脱ぐことを余儀なくされています。

これが、神が人類に意図したことなのだろうかと思ったことはありませんか？とはいえ、これほど常軌を逸した事態からも私たちは学びを得られます。**「すべてのことは神が私に学ばせようとする教えである」**（W,Lesson193）

個人的なものであろうと、地球規模のものであろうと、どんなテロの原因も、テロが起きたその場所で見つかります。

すなわち、恐れる心です。私たちが恐れを抱かなくなればテロはなくなります。なかでも凶悪なのは、あなたを虐げるあなたの心の一部――つまり、あなたの心の内に潜む・テ・ロ・リ・ス・ト・です。

この煽動者は恐れという囲いの中にあなたを閉じこめ、卑小な人間にしようともくろんでいます。

その手にかかると、あなたは自分がひとりぼっちの小さな肉体にすぎず、無防備なまま世界中の敵に身をさらしていると考えるようになります。

断りもなしに他者が攻撃してくるし、望む暮らしを手に入れるにはあまりに自分は無力だとあなたは信じてしまうのです。

嫌いな仕事に行きたくなくてもほかに道はありません。そこでは気に障る上司や意地の悪い同僚だけでなく、不機嫌な顧客にも耐えなければならないと、あなたは信じています。

自分の面目をつぶされるような人間関係をじっと我慢し、生き残るためにもがき、亡くなった身内にさえ自分を証明しながら、思うがままにならない生活を受け入れている状態です。

そう考えてみると、自動車や建物を爆破するテロリストよりも、こうした心のテロリストのほうが人生にとってはるかに有害です。

精神的に自分自身を破壊することは、素晴らしい可能性を秘めた優秀な子どもたちを目のくぼんだやる気のない人間にしてしまいます。

彼らは重い足どりで退屈きわまりない学校に通い、やがては生気を吸い取られるような職場に通うことになります。

心のテロリストによって身もだえするような恐れが植えつけられると、どこを見まわしても愛を見つけることができません。

こうなると世界は意図された天国ではなく、まがい物の天国になってしまいます。ＡＣＩＭには「このような愚かな考えに平安を！」(W-190.4:1)と記されています。愛情と思いやりにあふれる神の子どもである私たちは、より素晴らしい人生にふさわしいとも断言されています。

強調されているのは、自分や他人を十字架にかけることは神の意思ではないということです。「あなたはおそらく神の計画を誤解してきたのであろう。神は決してあなたに苦しみを与えようなどとはしないからである」(W-135.18:2)

神の意思は完璧に、永遠に、愛だけです。

ＡＣＩＭが私たちに呼びかけているのは、テロリズムという「遠い国」から私たち本来の場所である安全で確かな王国へ戻ることなのです。

あらゆる十字架に通じるすべての旅は無益です。もっと神の近くで生きられる方法があります。

それは十字架刑のない復活を求めることであり、今がそのときなのです。

モンティ・パイソンの愉快な映画『ライフ・オブ・ブライアン』（１９７９年、イギリス）は、イエスと一緒に大勢の男たちが十字架に磔にされるシーンで締めくくられています。

彼らは口笛を吹きながら、全員で「Always Look on the Bright Side of Life（人生の輝かしいところだけに目を向けようよ）」を歌います。この映画のユーモアは暗いものですが、映画を超えたところに、私たちが学ぶべきひとつのレッスンが隠されています。

そもそも十字架刑など必要なかったということです。苦しみとは私たちが克服したはずの概念です。
キリストが再びその道をたどることはありません。もちろん、あなたにもその必要はありません。

苦痛、災厄、困難、喪失が存在すると思ってきたあなたのすべての信念は、聖霊が一掃するであろう。聖霊があなたに与えるのは、そのような恐ろしい光景を超えて、それらすべての中にキリストのやさしい顔を見ることのできるヴィジョンである。神に愛されるあなたのもとには幸福しか訪れないということを、もはやあなたは疑わなくなるだろう……。（W-151.10:1-3）

（※5）アメリカの伝説的ロックバンド。1965年にカリフォルニア州サンフランシスコで結成された1960年代のヒッピー文化、サイケデリック文化を代表するアーティスト

10 魔術(マジック)を超えて

あるグループを巡礼のためにエジプトに連れていったとき、グロリアというひとりのメンバーが、ピラミッドのふもとで変わった石を見つけました。神秘的に光り輝くピンクの丸い石で、それを手にしたとき、彼女は強いエネルギーを感じました。

古代の司祭が癒しの儀式に用いたのでしょうか？　それとも王の頭飾りに使われていたのでしょうか？

グロリアはこっそり石を持って静かな場所に行くと、手に握って瞑想をはじめました。何世紀も前にこの石が使われたかもしれない神聖な儀式を、心の中でイメージしながら。

まもなく彼女は、華やかなローブを着たエジプト人が、ナイル川の岸辺で歌っている姿を見ました。長いあいだ埋もれていたビジョンが現れたのです。この驚くべき瞬間こそ、グロリアが地球の反対側まで導かれた理由でした。

数分後、石の感触が柔らかくなっていき、グロリアは驚きました。まるで錬金術のようでした。おそらくこの宝石は、祈る人のオーラで形を変えるのです。

瞑想を続けるにつれ、石はさらに柔らかくなり、どろどろになりました。

辛抱できなくなった彼女が目を開けると、ピンクの石は長く伸び、手のひらで広がって、そこから地面へとずり落ちていきました。

「石」の正体は固くなったガムだったのです。

この実話は、心の力が経験を創り出すことを示しています。

グロリアは古代文明の神秘的な慣習とつながろうとし、そして実際それを経験しました。石だと思っていたガムは、彼女が求めた経験を運んでくるために彼女が選んだ媒体だったのです。

もし王の頭飾りから本物の宝石を取ってきたら、さらに強烈な経験が得られたでしょうか？　そうとは限りません。経験を創り出すのは宝石でもガムでもありません。

それは心です。人生のすべては、物質ではなく心が支配するのです。

・・本物の力はあなたの内に・・

ＡＣＩＭによると、「魔術（マジック）」とは、あなたの外側にあるものがあなたを癒したり傷つけたりできるという信念です。あなたの思いではなく周囲の環境が、あなたの経験を作り出すというわけです。

……あなたは神以外のあらゆるものに支えられていると信じている。あなたの信仰は、もっとも取るに足らない、狂った象徴の数々に捧げられている。それらは薬、お金、「身を守ってくれる」衣服、影響力、名声、人に好かれること、「適切」な知り合いを持つことなど、そしてあなたが魔術の力を授けている虚無の形の終わりのないリストである。これらすべては、あなたが神の愛と引き換えにしているものである。（W-50.1:2-3,50.2:1）

あなたに苦しみをもたらすのは、あなたの想念だけである。あなたの心の外にある何ものもあなたに害を与えたり傷つけることはできない。あなたに近づき、抑圧することの原因となるものはあなた自身以外にない。あなたに影響を与えられるのは、あなただけである。（W-190.5:1-4）

魔術とは、外側の力が内なる霊（スピリット）からその権威を不正に流用することです。けれど、外部の力など存在しないのです。あなたが世界の中にいるのではなく、世界があなたの中にあるのです。

世界にあるように見えるものはすべて、あなたの心の中にあります。あなたの外には何もありません。

世界は魔術に対する終わりのない信仰で満ちています。

私たちは薬、金銭、財産、難解な科学、教祖、ヒーラー、魔除け、エキゾチックな土地、聖地、儀式、政府、技術、運動、化粧、仲人、結婚、赤ん坊、学校、不動産などを信じています。

つまり、魔術とはこういうことです。

「私は幸せになるために必要なものを持っていない。誰かや何か、あるいは何らかの手法が、魔法の杖を一振りすればそれによって私の望みは叶うだろうし、欠けているものを取り込むことができるだろう」

そうして私たちは、まだ得ていないものを与えてくれる、自分の外側の何かを求める長い無益な旅に出るのです。魔術とは、私たちの生来の力を、もともと特別な意味は持たず中立であるはずのさまざまな事物に投影することです。

内なる神を外側のものに置き換えてしまうことだけが私たちの苦しみの元です。

あなたのお気に入りの魔術の形態が本質的には無力だと言われると、侮辱されたと感じるかもしれません。エゴは自分の縄張りがごまかしでできていることを聞きたくないからです。

「○○博士のセミナーが人生を救ってくれた！」。あなたは叫びます。確かにそうでしょう。

けれどあなたの人生を救ってくれたのはセミナーではなく、あなた自身なのです。あなたは変わる準備ができていたし、その意欲もありました。

そして、あなたが望んだ通りの必要なものを自分に与える許可証としてセミナーを利用したのです。つまり、セミナーがなくてもそれは可能だったのです。

だからといって、ＡＣＩＭを責めないでください。ＡＣＩＭは、ズンバ教室やハーブ系サプリメント、マチュピチュへの旅をあきらめろとは言っていません。これらはただの道具であり、救世主ではないことをわかってほしいのです。

本物の力はあなたの内に在るのです。

ただ神の法則のもとに

ACIMの核心となるワークブックレッスンのひとつは、「私は、ただ神の法則のもとにある」というものです。

このレッスンのもと、私たちは魔術を超えて、幸せの真の源を追求するよう、ACIMは私たちに呼びかけています。

積み重なった札束や山のように大量の硬貨を持っていなければ餓えてしまうと、あなたは本気で思っている。小さな丸薬を飲んだり、何らかの液体を鋭い針で血管に入れたりすれば、病気や死から逃れられると本気で思っている。別の肉体が傍にいなければ自分は孤独だと、あなたは本気で思っている。

こうしたことを考えるのは狂気だ。あなたはそれらを法則と呼び、何の使い道もなく何の目的にも役に立たない儀式をつらねた長いリストに、さまざまな名称をつけ分類している。あなたは、医学の「法則」、経済の「法則」、健康の「法則」に従わねばならないと考える。肉体を守れば救われるという考えだ。

これらは法則でなく、狂気である……神の法則以外に、いかなる法則も存在しない……（W,Lesson76より抜粋）

癒されたり幸せを感じたりするのに、自分の外側のものが何も必要ないとは、なんと解放的な気分でしょう！

安らぎを求めて延々と、本や、クラス、教師や道具、技術を追求しなくてもいいとは、どれほどほっとすることでしょう！

治療やセミナーの参加費をどれだけ節約できるでしょう！

エゴは天国を到達すべき場所だと言いますが、ＡＣＩＭは、天国はあなたとともにあると保証しています。

まずは魔術の鎖からあなた自身を解放することをはじめましょう。

最初に行うことは、外的な力は自分の役に立つというあなたが持っている信念に気づくことです。

そして、次にその信念に疑問を投げかけ、さらに異議を申し立てれば、あなたは魔術から解放されます。

医者があなたを癒すのでしょうか？ 癒されることをあなたが選ぶのでしょうか？ 銀行口座の残高が安心をもたらすのでしょうか？ 持っているお金の額にかかわらず、あなたはすでに安全なのでしょうか？ 自分が正しいと信じるのに、誰かの同意が必要でしょうか？ 信頼を獲得するためにどれほどの学歴が必要でしょうか？ 愛を経験するパートナーが必要でしょうか？ あなたがいる場所が愛なのでしょうか？

私たちの文化では、魔術に疑問を抱く人は少数派です。その先に進む人はさらに少なくなります。

これを読んでいるあなたは、世界の本当の可能性を縮小した状態にとどめている幻想のヴェールを通りぬけて、その先へと歩いていくよう求められています。

必要となるすべての力は、あなたの魂の中にその種が植えられています。そこだけを見るのです。

自分自身から手に入れなければ、どこから手に入れるのか？（仏陀）

・・本当の医者・・

何千年にもわたって人々は、現代人にはインチキ療法に思えるような方法で癒されてきました。

ほんの150年前、喉が痛くて医者に行けば、ほとんどすべての血を抜かれていたかもしれません。

ビクトリア朝のイングランドでは、性的欲求不満を抱えた妻は医者のもとへ行き、触診で満足させてもらいました（電動バイブレーターは、多くの妻を慰めて腕が痛くなった医師が発明したものです）。

19世紀には、頭の形を読みとる骨相学が有効な診断方法と考えられました。

今日でさえ伝統的な鍼師（はりし）は、顔色を回復させるのに50匹のヒルを顔に張りつけたり、歯茎を刺激するのに舌の上にカミソリの刃を置いたりするのを推奨します。

これらの方法は奇妙に思えますが、多くの人に効果を出してきました。信じる者は救われるのです。

未来の医師やヒーラーは、現代の治療法をどう思うでしょうか。映画『スター・トレック』シリーズの『スタートレック　故郷への長い道』（1986年、アメリカ）で、ドクター・マッコイは、未来から戻って20世紀の地球の病院を訪れ、患者の治療に使われている方法を見て目を見張り、「信じられない！」と叫ぶのです。

しかし、人々がそれを信じていれば、どんな治療法もあり得ます。いかなる方法でも特定の人には効果があります。治療が癒すのではなく、信念が癒すからです。

ACIMでは、どんな治療法もまったく必要ないと言っています。ただ癒されることを選ぶだけで癒されるのです。

「マニュアル」の核心部分で、この原理を明確に述べています。


医者とは誰か？　それは患者自身の心以外にない。結果は患者が決めたように

> なる。特別な薬品が治療をしてくれるように見えるが、それらは患者自身の選択に形を与えるだけである。患者は自分の欲求を形あるものにするために、その薬品を選ぶ。それらの役目はそれだけであり、ほかには何もしない。それらは実際はまったく必要ない。患者はそうした助けがなくてもただ立ち上がり、「これは私にとって何の役にも立たない」と言うことができる。ただちに、治癒しないような病気の形態などひとつも存在しない。（M-5. II .2.5-13）

キリストは病気の男に命令しました。「床をあげて、歩きなさい」。病人がそれに従うと、ただちに治りました（ヨハネによる福音書　5：8〜9）。

これこそ私たちが、癒しがただ起こるままにしておくなら、いかに簡単に癒しがなされるかを表しています。

イエスの意識は癒しの中に打ち立てられており、病人はそこで彼と会うことを選びました。これをしなければ治らないと信じているすべての前提条件を、あなたの心から取り去るのです。

そうすれば、あなたが治るのには長い時間がかかるとか、治癒は不可能だと思っていたことへの癒しが、今手に入るのです。

∴あなたの信仰のままに∴

治療そのものが思いこみにすぎないということは、医者に行ったり、薬を飲んだり、カイロプラクティックを受けたりしてはいけないということでしょうか？

必ずしもそうではありません。治療の大事なポイントは、あなたが信じている信念と協力体制をとることです。もしあなたが外科医やシャーマン、催眠術師を信じていて、彼らを通して治りたいと思っているなら、その治療には効果があるでしょう。ポジティブな信念を原動力にすれば、ネガティブな信念から脱出できるのです。

有名な自己啓発書の著者が、癒しにおける信念の重要性を立証する実験を行いました。彼はアメリカの大都市で、同じセミナーを2回、1か月あいだをあけて行いました。最初のセミナーの代金は50ドルで、300人が集まりました。二度日は500ドルで、これにも別の300人が集まりましたが、どちらの参加者も同じぐらいの効果があったそうです。

自己啓発セミナーは安くあるべきだと信じた人々は、最初の週末に参加しました。高価なセミナーのほうが有益に違いないと信じた人々は、二度目に参加しました。癒しの効果を決めるのは金額ではなく、心が何を信じるかです。

私のメンターであるヒルダ・チャールトンは、30年近く続けているヒーリングセッションやクラスでまったく代金を取らず、多くの人々の人生を変えました。

一方、高額の投資をする患者だけが利を得るという団体もあります。彼らは、高い授業料を何年にもわたって喜んで払う生徒たちを引き付けていますが、同時に成果も上げているのです。「あなた方の信仰の通り、あなた方の身になされるように」(マタイによる福音書　9:29)

◆信仰の祭壇◆

癒しとはすべて信仰によるものです。私たちはみな何かを信じています。宗教と関係のないものも含め、信仰することによって教会が建つので、誰もが自分の信仰している教会へ行きます。科学、お金、セックス、食べ物、政治も教会です。人々がそれらを信じ、その祭壇で礼拝するからです。

それらに専念するということすべては、あなたが賛同しているその力をいかに信じているかを表しています。

癒しが必要なら、自信を持ってあなたが信じるもののところへ行ってください。あなたが信じるコーチや、医師、エネルギーワークを行うヒーラーやあなたが信頼する友人に会ったり、自然が心の安らぎをくれるなら森で静かな時間を過ごすのも一法です。

ヨガ教室で体を伸ばすのも、気分よく過ごすために食べ物に気を付けるのでも結構です。

もし誰もあなたを理解せず、同意もせず、一緒にやってくれなくても問題はありません。重要なのは、あなたの信じるものと手を携えて行動をすることです。

霊(スピリット)だけを完全に信じている人は少ないので、もっと仕組みがはっきりした癒しの手段が必要かもしれません。

イエスは病人の治療を促すために信仰を使いました。盲目の男に目に泥を塗るよう命じ、男がそれに従うと、目が見えるようになったのです(ヨハネによる福音書9：6〜11)。

泥に霊力などないことをイエスは知っていました。けれど男は、何かを通じて治療をしてほしかったのです。そこでイエスは慈悲深くも男にそれを与えました。男が完全な信仰を抱くのを待つより、彼に安心を与えたかったからです。

部分的な信仰に基づく行動でも、完全な信仰につながります。あなたが部分的な信仰のありったけを結集するその瞬間においては、部分的な信仰も、完全であるといえるのです。

ACIMは、奇跡のために必要なのは「ささやかな意欲」(T-18.Ⅳ)だと言っています。イエスはささやかな信仰心の象徴として、カラシの種を使いました。ほんの小さな種が巨大な森林となるのです。心を信仰のあるほうへ向ければ、その先には成功があります。

誠実な心は教義を超えます。誰かに癒しをもたらすものがあなたを癒すとは限りません。人を癒すものはその人の信仰だからです。

同様に、あなたを癒すのはあなたの信仰です。何かを信じることには行動以上の力があります。

行動は信仰を表現するための道具にすぎず、信仰のない行動には力がありません。あなたの行動が信仰と調和すれば、自分自身とも完全に調和しているので、目標を達成できるでしょう。

・・完全な愛は病気を治す・・

完全な信仰を求めるのが無理なら、完全な愛を求めることです。

愛を信じることは、もっとも効果的な信仰です。

なぜなら、神は愛だからです。誠意を持って愛するとき、全宇宙があなたの味方です。

すべての病気は愛の否定であり、愛を否定することのすべては恐れから来ています。聖書は「完全な愛は恐れを取り除く」（ヨハネの手紙　4：18）と言っており、これは、完全な愛が病を治すという教えでもあります。

肩書きも、学位も、手の込んだ治療技術も必要ありません。ただ純粋に心から愛すればいいのです。

摂食障害に悩む女性たちを治すことに人生を捧げた女性がいます。彼女は痩せ衰えた女性を病院から自宅に連れ帰って面倒を見ました。

女性たちを抱きしめ、目を見てこう語りかけます。

「あなたは天使のように美しいわ。あなたはこの世の恵みよ。愛しているわ」

肉体活動に必要不可欠な食べ物を受けつけないのは、精神生活に必要不可欠な愛を受け入れられないことを意味すると考えたからです。

女性たちには、愛を与えることが根本的な治療でした。その成功率はとても高く、ほかの物理的な治療方法では治らなかった多くの女性が健康を取り戻しました。

愛こそ究極のヒーラーです。愛なしでは誰も何ものも生きられません。愛があれば、すべてがうまくいくのです。

愛が癒しとなるのは、自分を満たすために自分以外の何かが必要と教えられる以前に、自分が誰だったかを私たちに思い出させるからです。

自分の外側のものに対する信仰は一時的な成功をもたらすかもしれません。しかし、内なる源に対する信仰がもたらす成功は永久です。恐れに基づいた心は世界から力を求めますが、愛に基づいた心は世界に力を与えるのです。真実がもたらす癒しは完璧です。

外側のものに不当な力を与えるのではなく、私たち生来の威厳を受け入れれば、この世界のどんな言葉を使ったとしても言い表せないような、本当の力を使えるでしょう。

今日、愚かな魔術的信念をすべて捨て、あなたに真実を語る聖霊の声を聞くために、心を静かにする……魔術は閉じこめるが、神の法則は解放する。(W-76.9:2,7:5)

column
5

なぜＡＣＩＭは心理学の言葉で書かれているのですか？

ＡＣＩＭは、まさに心理学の授業に出てくるような用語に満ちています。「エゴ」「投影」「防衛機制」「攻撃的思考」「解離」「抵抗」などは基本的な用語で、テキストの一貫したテーマです。イエス・キリストはフロイト派なのでしょうか？

そうではありませんが、ＡＣＩＭの筆記者であるヘレン・シャックマン博士は心理療法士（サイコセラピスト）で、そのトレーニングや実践、教義はこうした用語に基づいています。

メッセージを受け取る過程においては、メッセージの源となるものが受け手にひとかたまりの考えや概念を伝え、受け手は自分になじみのある方法でそれを表現します。

ＡＣＩＭはヘレンが、母国語である英語で記録しました。もし彼女がフランス人なら、フランス語だったかもしれません。ＡＣＩＭが画家に受け取られたなら、絵画の形で表れ、音楽家なら交響曲、数学者なら公式だったかもしれません。ＡＣＩＭが心理学用語で書かれているのは、シャックマン博士が心理学者だったためです。

このためＡＣＩＭは、「スピリチュアルな精神療法」と呼ばれることがあります。

西洋文化ではキリスト教を信じていますが、それ以上に心理学を信じています。心理学と自己啓発の本は常にベストセラーランキングのトップにあり、メンタル的にまたは感情的にストレスを抱える人は心の病気を扱う専門家に助けを求めます。

精神科医ともなると薬を処方することもできますし、患者を精神病院に送る権限も持ちます。さまざまな意味で、心理学は現代の宗教です。宗教が盛んでない国々では、心理学が隆盛です。

神は私たちが生きている場所で私たちを見つけ、私たちが信じている言葉で話しかけてくるのです。これが、ＡＣＩＭが心理学用語で書かれるもうひとつの理由です。「……**最高の効果を得るために、奇跡は受け手が恐れることなく理解できる言語で表現されなくてはならない**」（T-2. Ⅳ .5:3）

「心理学」という言葉は、ギリシャ語で「魂」を表す「プシュケ」に由来します。その結果、真の心理学は、心だけの学問よりはるかに深い部分まで見抜き、私たちの存在の中心にまでたどり着きます。

真の癒しとは包括的なものです。魂の癒しなくして、心が完全に癒されることはありません。ＡＣＩＭはこの癒しを達成する、本当の意味での「心理学」といえます。

『今まででいちばんやさしい「奇跡のコース」』後編のおもな章立て

※章立ての表記や順番は変更になる場合もございます

訳者あとがき

A Course in Miracles（ア・コース・イン・ミラクルズ）は、各界の著名人やリーダーを含め、世界で数百万人が学ぶ、深遠な真理へと私たちを導く懇切丁寧な自学自習の書です。

近年、日本でも待ち望まれた邦訳が出版され、学習者は着実に増えています。ACIMは、１９７５年のアメリカでの初版以来、多くの人々の心を癒し、心の安らぎや幸せを感じながら本当の私たちを生きる導きを与えてきました。

特にアメリカでは、ACIM関連の書籍がベストセラーになるなど、世代を超えてACIMを人生に取り入れる人が増えています。

一方で、キリスト教用語を使用した書き方やページ数の多さからも、学習にあたり難解さや抵抗を感じる人も多く、途中で挫折したり、理解が進まず自己流の解釈をしてしまうといったことに陥りやすいのも事実です。

本書では、30年来のＡＣＩＭの教師であり生徒でもあるアラン氏が自身の経験を豊富に交え、学習者がよく抱く質問にも答えながら、ＡＣＩＭのエッセンスをわかりやすく伝えています。

邦訳出版にあたり、原著にあるアメリカ特有の文化背景などは、意味を変えない範囲で日本の状況に合わせた描写にしました。また、ＡＣＩＭ独特の言い回しは、必要を感じた場合、日本語としていくらか不自然だとしてもあえてそのままにしています。

邦訳は原著を2冊に分けて出版いたします。現在、本書の後編である2冊目の翻訳に取り組んでおりますが、後編では、アラン氏はさらに踏み込んで、ＡＣＩＭの理解と実践に役立つ内容をたっぷりと分かち合ってくれています。ぜひ後編もあわせてご活用ください。

ＡＣＩＭは、「奇跡」についての本ですが、振り返ってみれば、私が図らずも本書の翻訳を担当することになった一連のプロセスは、まさに「奇跡」の体験でした。

ＡＣＩＭでいう「奇跡」とは、常に自分の心の選択が伴います。つまり、恐れではなく愛を、幻想ではなく真実を望むことが必要です。

本当の自分を経験したいと心から本気で願えば、奇跡はそれを私たちの想像をはるかに超える形で明らかにしてくれるということを、本書の翻訳を通しても経験させていただきました。

私がＡＣＩＭの学びと実践に人生を捧げるようになってから、本当に人生が変容し、何よりも生きる意味が明確になりました。

ＡＣＩＭから受ける恩恵は計り知れず、自分の頭では理解できなくても、一人ひとり最高のものが人生に用意されています。

本書の根底に流れる、包み込むような愛と真実への呼びかけが、読者のみなさまの心のどこかに確かに響き、心の平安と喜びに満ちた人生を歩む助けとなることを願っています。

最後になりますが、長年のＡＣＩＭの実践をこのような形で惜しみなく分かち合ってくださった著者のアラン・コーエン氏、翻訳の機会を与えてくださったフォレスト出版の太田社長とダイナビジョン代表の穴口恵子さん、迅速かつ丁寧なご対応で支えてくださった編集の杉浦彩乃さん、最初から最後まで的確なガイドで伴走してくださった河越理恵さん、常に惜しみないサポートをくれる家族とともに歩み支えてくれるすべての仲間たちに心から感謝いたします。

みなさまの日常が奇跡であふれますように。

２０１５年　９月

積田美也子

[著者プロフィール]

アラン・コーエン（Alan Cohen）

アメリカ生まれ。現在ハワイ在住。書籍は25ヶ国で翻訳され、世界中で親しまれており、書籍・ワークショップ・講演などを通して「リラックスが豊かさを引き寄せる」という生き方を提案、読者や参加者にスピリチュアルな気づきを与え続けている。

著名なメンターからも尊敬を集める世界的スピリチュアルリーダーの1人で、『神との対話』の著者ニール・ドナルド・ウォルシュや『聖なる予言』の著者ジェームス・レッドフィールド、心理学博士のウェイン・W・ダイアー、日本では『ユダヤ人大富豪の教え』の著者である本田健や女優の松雪泰子、国分佐智子、佳川奈未などからも支持されている。

『人生の答えはいつも私の中にある』（ワニ文庫）、『魂の声に気づいたら、もう人生に迷わない』（徳間書店）、『頑張るのをやめると、豊かさはやってくる』（本田健訳、PHP研究所）、『ザ・コンパス　喜びがすべての指針』（晋遊舎）、『だいじょうぶ、あなたはすべてうまくいく』（穴口恵子監訳、フォレスト出版）など著書の多くが邦訳されており、日本人ファンの心を癒している。毎年行われている来日講演やワークショップでは、参加者の心をオープンにし、スピリチュアルな成長、開花を促すと高い評価を得ている。

ニューヨーク・タイムズのベストセラー・シリーズ『こころのチキン・スープ』の寄稿作家であり、全米のテレビ・ラジオなどにも出演。スピリチュアル系の大手出版社ヘイハウスが主催するHay House Radioで、番組のホストを務めている。

＜アラン・コーエン　オフィシャルサイト＞
http://www.alancohen.com/

＜アラン・コーエンジャパン＞
http://www.alancohen-japan.com/

＜アラン・コーエン公式ファンページ＞
https://www.facebook.com/AlanCohenJapanPublicPage

＜株式会社ダイナビジョン＞
www.dynavision.co.jp

[訳者プロフィール]
積田・美也子（Miyako Tsumita）

『ACIM（ア・コース・イン・ミラクルズ）』ティーチャー・カウンセラー、ヒーラー、ライター

東京都出身。慶應義塾大学法学部卒業。
ベンチャーキャピタル勤務後、米国ワシントン州立大学に留学。帰国後、フェアトレード事業、女性のコミュニティビジネス起業支援に携わる。結婚、出産を経て、ACIMに出会い、学習を開始。現在、東京都内、名古屋にてACIMクラスを開催。CRA認定クリスタルボウル奏者。

翻訳アレンジメント・翻訳協力・PR／河越理恵
翻訳協力／株式会社ラパン
装丁／小口翔平＋三森健太（tobufune）
本文デザイン・図版／松好那名（matt's works）
DTP／山口良二

今まででいちばんやさしい「奇跡のコース」

2015年10月15日　初版発行
2022年12月18日　3刷発行

著　者　アラン・コーエン
訳　者　積田美也子
発行者　太田　宏
発行所　フォレスト出版株式会社
〒162-0824　東京都新宿区揚場町2-18　白宝ビル7F
電話　03-5229-5750（営業）
03-5229-5757（編集）
URL　http://www.forestpub.co.jp
印刷・製本　萩原印刷株式会社

ISBN978-4-89451-678-6　Printed in Japan